コンテンツ文化の
ホスピタリティと
経済学

共感でつながり
人を夢中にさせる
サブカルチャーから
読み解く

牧 和生

晃洋書房

は じ め に

　本書は2023年に上梓した拙著『オタクと推しの経済学』（カンゼン刊）の内容にアカデミックな視点を付加し，経済学の研究対象として魅力的なオタク文化やサブカルチャーというテーマに，主眼を置いて構成がなされている．加えて，経済学では議論されることが少なかったホスピタリティを軸として，「人間学としての経済学」を目指す上での理論的基礎を示す内容となっている．

　本書の主たる対象となるのは，オタク文化や推し活を卒業論文のテーマにしたい経済学部生やより高度な経済学の分析スキルを備えて研究の道に進もうとしている大学院生，経済学の応用分野に興味のある大学生たちが想定される．もちろん，本書の内容に興味があれば年齢や職業を問わず，ぜひ本書を通じて学問の世界と格闘して頂きたい．本書を手に取ってくれた読者の皆様に，経済学を少し異なる視点から議論することの面白さを共有できれば幸いである．

　本書のような学術書でありかつ経済学という学問としての性格からは，難解な理論や数式が多く登場するというイメージがあるのではないだろうか．確かに世に多数出版されている先人たちの経済学との格闘記録である書籍を見てみると，数式や難解な理論や専門用語が数多く登場する．しかしこれらを理解し，著者たちの視点で物事を捉えられるようになることこそ，学問の醍醐味であろう．ちなみに本書や『オタクと推しの経済学』における議論のベースとなっているのは，筆者の博士論文である「サブカルチャーにおけるダイナミズムとホスピタリティ」（2014）や，その後に発表した研究論文などである．そのような観点で見れば，本書もまた筆者のオタク文化やアニメコンテンツに関する研究テーマとこれまでの格闘記録であるともいえる．

　さて，大学の教員として経済学を教えていると，毎年学生諸君から次のような質問を受ける．それは，「経済学を学んでいて，将来どのように役立つか分からない」というものである．特に大学１年生から，良くこの手の質問が寄せられる．筆者は大学１年生が受講する経済学の理論科目を担当するとき，必ず次の質問を講義中に学生たちに投げ掛けることにしている．その質問は「経済

学とはそもそもどのような学問であると思うか」「経済学を学ぶことでどのような未来が待っていると思うか」という２つである．前者は「金融などのお金の動きを学ぶこと」という答えが大半となる．後者は「考えたこともなかった」というような反応であることが多い．大学入試の際に，経済学を学びたいと思って経済学部を第１希望として選択する受験生は思いのほか少ない．卒業後の就職などを考慮し，将来の可能性が多そうな経済学部を選ぶという声が圧倒的である．しかし，そのようなモチベーションの学生に経済理論を教えるとなると，一筋縄ではいかないことが多い．経済学へのモチベーションが低い学生たちにとって，経済学はあまりにも難解で現実とは異なるものであると捉えられてしまうからである．そこで，筆者は先の質問に対して次のように語りかけることにしている．「経済学は，金融だけを学ぶ学問ではない．経済学は身の回りにある問題を経済学の視点から捉え，解決策を考えることで社会の人々の幸福な生活に資する学問である．

　加えて，経済学の研究テーマは多様である．その気になれば何でも研究テーマになりうる．経済学を学びその知識を身に付けるほど，社会の見方が深まり問題へのアプローチの手段が増える．経済学を学び，経済学で物事を考え続けることで醸成される知の結晶は，将来君たちがさまざまな問題にぶつかったとき，解決の糸口になると信じている」というものであるが，いかがであろうか．少し歯の浮いた言葉と思われるかもしれないが，筆者がこれまで多くの経済学徒と接してきて感じた，嘘偽りのない本音である．

　経済学が扱う問題の範囲は，日々拡大し続けている．われわれが日常生活で何気なく遭遇する事象も，経済学の研究対象となりうるばかりではなく，知的好奇心をくすぐる学問の世界にわれわれを誘うきっかけとなる．本書は，経済学を少し違う視点から捉えてみたいと考える読者にとって得るものが多いと思われる．しかし，折角学問への情熱を燃やしているのに，経済学の難解な理論や論理の世界の前で挫折してはもったいない．そのため本書は可能な限り，次の点を意識して執筆を行っている．まず，一部の章以外で数式や文字式を極力使用していない．また，数式や文字式を使用する際にもなるべく丁寧な説明を加えているので，数学に苦手意識があっても本書の内容に対する理解を妨げない．また，使用する経済学の理論や用語も必要なものを限定し，記述している

内容も可能な限り理解しやすいように意識して執筆を心掛けている.

　本書の構成を述べると，1章と2章に問題意識として経済学における人間学の側面について行動経済学や他者との相互関係性に関する研究をまとめている．3章と4章ではサブカルチャーやオタク文化について，文化と経済に関する研究をもとに歴史やオタク像の変化などを踏まえて，現代におけるオタク文化やサブカルチャーの経済学的なポテンシャルを検討している．この経済学的なポテンシャルは当該の市場においてどれだけの経済波及効果があるか，市場で財やサービスが取引されているのかという金額換算できる効果のみに着目しているのではないことが本書の一番の特徴である.

　5章では，熱狂的な消費を生じさせる心理について，経済モデルを用いて議論をしている．オタク的消費というと，過度な消費を思い浮かべることが多いと思われるが．本章ではSNS: social networking service（以下，SNS）で特に女性のオタクに見られることが多い，同担拒否や無限回収と呼ばれる行動の心理的側面に迫る.

　6章，7章および8章ではサブカルチャーやオタク文化というこだわりや嗜好性が強い文化について，他者の価値観を許容できるかどうかが極めて重要な要素であることに注目した．この他者の価値観を許容する際に，われわれはホスピタリティを実行できるかがカギとなる．このホスピタリティは，世間で解釈されるような「おもてなし」とは異なる概念であるとして本書では捉えている．経済学においてホスピタリティは相容れない関係であるとされるが，ホスピタリティの視点を経済学に導入することで，経済学は大きくパラダイム・シフトする可能性を秘めている．サブカルチャーやオタク文化をホスピタリティと関連させて議論することで，その可能性の一端に触れることができるのである．また，7章と8章は筆者が青山学院大学大学院経済学研究科博士後期課程に在学中と，その後大学院を修了して2年間在籍した青山学院大学経済学部助教時代に恩師である中込正樹先生と共同（筆者がファーストオーサー）で行った実験研究の成果について，詳細な検討を行っている.

　この7章および8章は，筆者の研究における実証的な根拠となるものである．思い返せば，中込先生が提案する独創的な実験タスクを知恵や工夫を凝らして実験可能な状態に仕上げて実験を行い，見事に仮説どおりの結果が得られ

た時には何とも形容しがたい満足感で満ちていた．このことは，筆者にとって非常に大切な思い出となっている．「実験はあくまで，自分の理論や考えを補強するための補助的な役割にすぎない」と中込先生は仰っていたが，その教えの意味をいま十分に理解できるようになった．その教えに従って，本書でも実験研究を主として構成をしていない．学問的な関心から経済学においてオタクやサブカルチャーを位置づけ，応用的な事例を用いた研究を概観しつつ，各章の議論が現実社会においてどのような意味を問うているか読者諸君で検討するという流れでもって，本書を読み進めて頂きたい．

また，本書はコンテンツや経済学という視点を踏まえて，オタク文化やサブカルチャーを中心に議論を行っているが，昨今多数世に出されている書籍や論文で掲載されているような当該文化における個別事例（ケーススタディ）はほぼ登場しない．また，サブカルチャーやオタク文化に関する細かいカテゴリーについての検討も省略している．本書はあくまでマクロ的視点でサブカルチャーやオタク文化を捉え，その経済学的含意を探ることを主眼としている．そのため，マニアックなサブカルチャーやオタク文化に関する個別の現状や，市場規模などのデータを期待されると，本書ではその期待には応えることができていない．このような需要を持つ読者諸君は，個別の事例を取り上げた関連書籍や論文と補完する形で，本書を活用して頂きたい．

また，経済学についても本書では経済学の一側面から議論しているにすぎない．そのため，入門的な経済学のテキストと併せて本書を読み進めることで，経済学という深い森の中を自分の足で歩めるようになるであろう．その散策の先には，経済学のテキストだけでは見えてこなかった「新しい経済学の姿」が，読者一人ひとり違う形として浮かび上がってくることを願ってやまない．

2025年1月
推しの矢吹俊郎の音楽を聴き，素敵な未来に想いを馳せながら

牧　和生

目　　次

はじめに

1章　経済学と合理性 ───────────────（1）
──批判的検討──

1.1　経済学とはどのような学問であるか　（1）

1.2　合理性と経済学の前提　（2）

1.3　従来の経済学における意思決定の特徴とは　（3）

1.4　相互関係と経済学　（5）

1.5　経済学の本質は「人間学」であるべき　（7）

2章　人間の心理と経済学 ───────────────（11）

2.1　行動経済学はどのような学問であるか　（11）

2.2　行動経済学の代表的な理論　（12）

2.3　参照点とヒューリスティック　（13）

2.4　リアルかバーチャルかで変わる反応　（16）
──利己心と利他心で揺れる心──

2.5　行動経済学の可能性と期待　（20）

3章　オタク文化とサブカルチャー ───────────（23）
──経済学の拡張──

3.1　文化と経済学のクロスオーバー　（23）

3.2　オタクとサブカルチャーの経済学　（27）

3.3　オタクやサブカルチャーの定義とその変化　（28）

3.4　オタクを巡る社会の変化　（31）

3.5　オタク文化の経済学　（37）
──経済理論の適応と限界──

4章　サブカルチャーを生み出す原動力 ──────── (41)
　　　──コンテンツ消費の経済学──

4.1　消費者生成メディアとコンテンツ消費　(41)

4.2　コンテンツツーリズムと行動の心理　(45)

4.3　アーティストにおける意味の縮減　(50)

4.4　コンテンツ消費におけるデータベース消費　(52)

4.5　コンテンツツーリズムとデータベース消費　(53)

5章　女性オタクと熱狂的消費の心理的要素 ──────── (59)

5.1　行き過ぎた消費　(59)
　　　──アイデンティティと同担拒否のメカニズム──

5.2　オタク研究の流れと経済モデルの設定　(59)

5.3　女性のオタクにおけるさまざまな消費行動の経済学的意義　(65)

5.4　無限回収と独占欲の心理　(66)

5.5　同担拒否の心理的メカニズム　(68)

5.6　過度な消費の心理と向き合うことの意義　(77)

6章　ホスピタリティの経済学的基礎 ──────── (81)
　　　──共感の経済学──

6.1　ホスピタリティとは何か　(81)

6.2　ホスピタリティと共感のメカニズム　(83)

6.3　アダム・スミスの同感原理とホスピタリティとの相違　(85)

6.4　サービス経済の限界とホスピタリティの関係　(94)

6.5　ホスピタリティと経済学との共存　(98)

6.6　サブカルチャーやオタク文化におけるホスピタリティ　(100)

6.7　サブカルチャーとサービスとの異なる性格　(102)

6.8　小さな物語とホスピタリティ，サービスと大きな物語　(105)

7章　ホスピタリティと主体的行動の意義 ──────── (109)

7.1　コンテンツツーリズムと他者の価値観の許容　(109)
　　　──社会的文脈を創り，文脈を読む関係性──

7.2 意味を紡ぐコンテンツ消費 （109）
　　　──妄想と物語の創造──

7.3 タスクデザインと分析方法 （112）

　7.3.1 被験者と実験にあたっての注意事項

　7.3.2 タスクデザイン

　7.3.3 データの採取および分析方法とその意図

7.4 分析結果と解釈 （117）

　7.4.1 分析の結果

　7.4.2 分析結果の解釈

　7.4.3 実験結果における追加的検討

7.5 文脈を創り，読み解く心 （124）

8章　コンテンツ消費と記憶 ———————————————— （127）

8.1 忘却と想起が連続するコンテンツと記憶の経済学 （127）

8.2 記憶と限定合理性 （128）

8.3 これまで実施してきた脳科学的実験への批判的検討 （130）

8.4 データの再検討および分析結果 （135）

8.5 分析結果の解釈とその含意についての検討 （138）

8.6 幅広く展開されるコンテンツ研究と経済学との融合への期待 （145）

おわりに

初出一覧

索　　引

1章

経済学と合理性
───批判的検討───

1.1　経済学とはどのような学問であるか

　「経済」あるいは「経済学」について，みなさんはどのようなイメージを思い浮かべるであろうか．筆者は入学したばかりの大学生に，上記の質問を必ず問いかけるようにしている．その質問に対して，学生たちは「お金に関する学問」と答えてくれる．筆者はこの答えをある意味「想定内」のものとして，次に「経済学の学問としてのカテゴリー」は何であるか，調べてみて欲しいと続けるのである．学生たちはおもむろにスマートフォンやパソコンを取り出し，すぐに経済学は「社会科学」であると答えにたどり着く．そして，学生たちは先ほどの挙げたイメージの「経済学＝お金」という図式が必ずしも正しくないという事に気が付き始めるのである．

　そして，筆者は経済学が社会科学という分類であるのであれば，社会にとってお金は重要なものであることに間違いはないが，われわれが生きるこの社会の営みはお金だけがすべてであるかと問うのである．経済学が社会そのものの仕組みを研究する学問であるという視点に立てば，お金や金融は経済の血液と表現されるように極めて重要な役割を担っていることは理解できるが，お金が経済学のすべてではないのではないかという事にも同時に気が付くことになる．

　経済学の語源には中国の古典に登場する「経世済民」から来ており，「世を経め（治めて），民を済う」という意味がある．井澤によると，この言葉の起源は諸説あり，日本の文献に登場するのは江戸時代中期であるという（井澤，2011）．経世済民の意味を噛み砕いて解釈すれば，世の中を安定させ社会にお

いて問題を抱えている人たちを救うことが経済学の使命であるともいえる．社会には日々さまざまな問題が生じている．この多様な問題にアプローチし，社会をより幸福へと導く方策を検討するのが「経済学」に課せられた大きな課題といえるのではないか[1]．

1.2 合理性と経済学の前提

今，筆者の手元には3冊の経済学のテキストがある．『一歩先をゆく経済学入門』のミクロ編とマクロ編（中込, 1994, 1995）と『マクロ経済学基礎理論講義』（平澤, 1995）である．平澤のテキストのはじめに興味深い問いかけがなされている．それは経済学を学ぶ意味を大学生に問いかけたとき，教員の返答として2つの答えを用意しているというのである．1つ目は，「経済学を学ぶことで，物事を見る視点が豊かになる」というものである．これは多くの読者にも共感される答えであろう．ところが，2つ目の答えは「経済学で人を騙さないようにするため，そして経済学で人に騙されないようにするため」というのである．これは，平澤だけが述べているのではなく，内田義彦も同様のことを述べている（内田, 1985）．この指摘は一見すると疑問が多く生じるであろうが，実のところ経済学の面白さを端的に表しているともいえる．

経済学はマクロ経済学とミクロ経済学とに理論体系が分かれるわけであるが，その2つの理論体系に共通している概念がある．それは経済学では経済主体（経済学における登場人物と思えばよい）は，合理的な判断に基づいて意思決定を行うという理論的な前提である．ミクロ経済学とマクロ経済学とでは，想定される合理性の程度が異なりはするが，合理性という概念は共通しているのである．

中込は経済学におけるさまざまな理論を説明する過程で，従来の経済理論では説明できない現実の人間の存在も取り上げている（中込, 1994）．それはどのような人たちであるかというのは別の章で説明することにして，次に合理性について検討を加えたい．ここで参考になるのは，行動経済学に注目した諸研究である．

行動経済学の研究においては，従来の経済学の学問的な問題について批判的

に検討を行っている．その批判の１つが前述の「合理性」という理論的な前提である．経済学において合理性というのは，「理にかなっている」あるいは「間違いのない，誰から見ても正しい」という意味で解釈する．そして，経済主体はさまざまな行動を市場の中で取るわけであるが，この行動原理もまた合理的な意思決定という前提で議論がなされるのである．このような人間を経済学では「合理的経済人」または「合理的個人」（ホモ・エコノミカスやホモ・エコノミクス；以下，合理的経済人・ホモ・エコノミクスで統一）と呼んでいる．行動経済学の諸研究では，この経済学が想定する人間像である「合理的経済人」が現実の人間の意思決定と乖離しているとして，経済理論と現実とのギャップが多数指摘されている（友野，2006; 中込，2008, 2018; 牧，2012, 2016, 2019; 大竹，2019; 依田・岡田編，2019）．行動経済学は合理的経済人を比較対象とすることで，経済学と実社会とを結び付け学問的な拡張を試みている．その批判的検討の中心にいる合理的経済人の意思決定については，次節にてまとめることにしたい．

1.3　従来の経済学における意思決定の特徴とは

行動経済学の諸研究から総合すると，合理的経済人の特徴は以下のとおりとなる．

１．利己的で個人主義的な考えに基づいて意思決定を行う．
２．長期的な視点から将来を予想し，行動計画を立てる．
３．好みや嗜好などの選好は，時間を経ても変化しない．

まず，利己的という概念について検討をしたい．利己的という概念を経済学に取り入れたのは，経済学の祖であるアダム・スミスまでさかのぼることができる（堂目，2008）．スミスは，経済主体の利己心に基づいた適切な競争によって社会が反映することを指摘した．一方で，現在の経済学における利己心は，スミスのいう利己心とは性格が異なっているものと捉えたほうが良い．利己心は経済学においては効用とセットで取り上げられることが多い[2]．

効用は，経済学（特にミクロ経済学）における重要な概念である．われわれは，

日々何かしらの財（有形）やサービス（無形）を消費して生活をしている．そして，多くの人々はその消費によって満足感を得ている．可能であればその満足感を，最も高くしたいと考えるのは納得できよう．このような行動原理は効用最大化と呼ばれ，合理的経済人の意思決定の基本となる．この効用最大化を実現するためには，財やサービスを購入するためのコストの存在を無視できない．あるいは，複数の選択肢の中から1つ選ぶことで他の選択肢を選んでいれば得られるはずであった機会費用なども，意思決定の際の重要な情報となる．これらを制約条件としつつ，合理的経済人は効用が最も大きくなるように行動を決定していると想定し，さまざまな経済理論が構築されているのである．

また，合理的経済人の利己的な性格にも注目していかなくてはならない．利己は自分中心的な考え方と捉えると良い．合理的経済人が利己心をもとに意思決定を行っているのであれば，他者と比較して自己の効用を最大にするような行動を取る存在と考えることができる．つまり，合理的経済人は個人主義的な考えのもとで，優れた計算能力やそれに基づいた予想を駆使し，常に自己の効用が最大となるような意思決定を行っているとまとめることができる．そして，そのような意思決定は首尾一貫しており，途中で変更などはされないという特徴もある．

これまでの議論を踏まえて，合理的経済人の意思決定方法として採用される期待効用理論について紹介したい．期待効用の「期待」とは予想という意味である．この意思決定方法は，何かを消費するかどうか検討するときに予め得られるはずの効用を計算することで，効用が最大化されるという結論が得られたのであれば消費を決定するというプロセスを経る．理論的には理解しやすいものであるが，一方で期待を形成できないケースも日常ではしばしば生じる．そのため，期待効用理論では意思決定を説明できないときに，われわれが考える理由に着目したものが理由付け行動理論である．

中込や牧によると，この理由付け行動理論はわれわれが期待効用を計算などで求められないときに，選択肢を決めるに十分な理由を付けられるものを選択しやすいというものである（中込，2008; 牧，2012）．例えば，目の前に同じ特徴の財があるとしよう．価格や品質にほぼ差がないとすると，どちらを購入するかどうか決め手に欠けるため，なかなか選択肢が決定できない．ところが，片

方の財にポップが付いていてそれが「数量限定」と書かれていたらどうだろうか．この場合は，多くの人が限定の方を購入するのであろう．この意思決定を理由付け行動理論で解釈すると，数量限定であるということは買い逃してしまうと次はいつ購入の機会が訪れるか分からないため，いつも手に入るものよりも限定の方を購入する方が望ましいという「理由」を見出したということになる．この理由が意思決定を後押ししたのである．

　さて，期待効用理論と理由付け行動理論を自分自身の過去の経験から振り返ってみると，うまく当てはまることもあれば，うまく当てはまらないことがあることにも気が付くであろう．これらの2つの意思決定方法は，いわば論理的に意思決定を行っていると捉えることもできようが，われわれは常に熟慮のうえで物事を決定はしていないからである．明確な正解の根拠がないまま選択をしても，それが正解だったという経験をしたことはないだろうか．誰もが1度は経験をしたことがあるであろう，この論理に基づかない意思決定の方法を直観（≠直感）と呼んでいる．

　この直観という意思決定方法は，われわれ人間の可能性を秘めた極めて重要なものである．瞬時に物事の本質を見抜き，意思決定を行うことためには，われわれのこれまでの人生における成功体験あるいは失敗体験が大きく影響する．直観はわれわれの人生を反映し，意思決定を支えてくれる重要なパートナーともいえるが，行動経済学の研究で多数報告されている認知バイアスなどの意思決定を誤らせる要因などは，直観を狂わせる可能性がある．経済を動かしているのはわれわれ人間なのであるから，経済学を人間の行動や心理の面からアプローチすることは極めて理にかなっている．そうなると，経済学は社会科学であるのと同時に，「人間学」という側面がますます強くなっていくのではないだろうか．

1.4　相互関係と経済学

　前節では，合理的経済人の利己心について説明を行った．この利己心と対になるのが利他心である．利他心は他者を思いやるような心と捉えると良い．現在では，人間の利他心について経済学的な研究も多く行われている．特に行動

経済学の分野では，人間が他者と協調するメカニズムについて興味深い研究も多い．川越によると経済学における利他心および利己心は次の4つに分類できるという．

① 合理的利己
② 合理的利他
③ 非合理的利己
④ 非合理的利他

　以上の4種類である（川越，2010）．利己と利他を合理的か非合理的であるかという点から分類をしているのが分かる．①の合理的利己は合理的経済人の行動と同義と捉えることができる．②の合理的利他は，打算的な行動と捉えると分かりやすい．前節までに，合理的経済人は個人主義的な考えを採用していると説明した．個人主義を信条とする人間が他者を慮り，協働するような行動を取ることがあるのはどのような状況であろうか．それは，他者に手を貸したり協働することで自己にメリットがあるときに，利他心を発揮するのである．現在の自己の状況を冷静に分析し，他者と協力することあるいは他者を助けることで自分自身の効用が上昇するケースや，金銭的な報酬などの見返りが期待できるケースが該当する．もちろん，このようなケースは現実社会で人々が期待するような「利他心」とは趣が異なるが，個人主義的な効用最大化を行動原理とする合理的経済人と比較すると，利他的な側面が見受けられるとしよう．
　③のケースは非合理的利己である．これは，利己心を持ちながらも合理的に振舞えない場合などが該当する．たとえば，利己的な行動に合理的な理由がないなどである．またわれわれがある程度の利己心を持っていて，経済理論どおりに行動しようとしてもうまくいかないのは，どこかで非合理的な考えが意思決定を阻害していると考えることもできる．われわれが合理的になりきれないのは，「非合理的」という要素を意思決定から排除できないからである．この非合理的な部分とどのようにわれわれが付き合っていくのかという点に，経済学における未来へのヒントが隠されている．
　④のケースは非合理的利他である．これは前述の②のケースと対比させると

分かりやすい．打算的ではなく，他者を慮るような行動を取ることを非合理的利他と呼ぶ．見返りを求めることなく（あるいは見返りを瞬時に計算することなく）行動を起こすというのは，現実社会においては度々目にすることである．このような行動は，一般的に行動の結果として得られるリターンを目的とはしていない．計算に基づかない意思決定の多くは，われわれが持ち合わせる人間的な心によるものである．この「心の問題」の扱いについて，行動経済学は従来の経済学における学問的方法論などを批判的に検討しているのである．

1.5　経済学の本質は「人間学」であるべき

筆者は本章の1.3節で，経済学は今後人間学の側面が強くなっていくであろうと述べた．この人間学とは，行動経済学や経済心理学と呼ばれる分野の別名という意味に留まらない．われわれ現実の人間による意思決定は，単なる金銭と財やサービスの交換のみならず，新しい価値観や文化,他者との出会いのきっかけを与える．それらはすべて，「心」を持った人間による社会や集団の相互関係の中で紡がれていくのである．しかも，人間同士の関係性は複雑かつ多様な結びつきを構築していく．そのような社会の変化の中で，社会科学である経済学はどのような文脈のもとで研究を進めてきたのであろうか．

この疑問に対して，文化を経済学の観点から研究を行う「文化経済学」も視野に入れると，「文化」とは何であるかという問いも生じてくる．そして，文化を消費する消費者として，オタクを含むファンたちは経済学あるいは文化経済学において，研究することは意味のないことなのであろうか．オタク文化やサブカルチャーの定義も変化してきており，ライトなオタク層も含めて研究がなされるようになってきている（牧，2023）．筆者はオタクやファンの行動は心理的な衝動が強く働いており，オタク文化やサブカルチャーが人々を惹きつける要素の1つとして，「ホスピタリティ」に注目すべきであると主張した（牧，2023）．つまり，オタクやファンを経済学と文化経済学という視点から注目し，そこにホスピタリティという要素も加えることで「人間学」としての経済学という新たなフロンティアに近づくことができるのではないだろうか．

特にホスピタリティは，経済学とは性格を異にする概念であるが，人間同士

の良好なつながりを構築する際に不可欠なものでもある．本書の問題意識は本章で述べたものとなる．主として，オタクやファンの行動を経済学と心の側面という文脈から議論していき，これからの時代の経済学を展望していくことが本書の問いに対する「答え」となるであろう．これらのキーワードがどのように折り重なり，人間学としての経済学を構築していくのかについては，次章以降でそれぞれ述べていくこととしたい．

注
1） 経済学の学問領域や問題意識については，ジョセフ・E・スティグリッツやグレゴリー・マンキュー，伊藤元重などの著名な経済学のテキストを参照されたい．これらのテキストで「入門」と表記されているものは，経済学の大きな理論体系である「ミクロ経済学」と「マクロ経済学」の違いやエッセンスをコンパクトにまとめつつ，近年における経済学の研究動向も含めて経済学を概観できる．ミクロ経済学とマクロ経済学では，そもそもの理論的前提が大きく異なっている．価格の即時的調整が効かずマクロ市場で価格硬直が生じるため数量的な対応を強調するマクロ経済学と，価格をシグナルとした自発的取引を前提とした理論を構築しているミクロ経済学という違いもあれば，経済主体もマクロ経済学では家計，企業，政府などに注目するのに対して，ミクロ経済学では消費者と生産者（供給者）に注目しつつ，市場の失敗が生じる際には政府に注目するなどの違いもある．このような違いは，経済学を学ぶ上でも物事を捉える大きな視点の違いとなるが，本書は経済学の基礎理論を紹介するテキストではないため，経済学における2つの理論体系に関する説明は割愛させて頂く．
2） 効用はある財やサービスを消費したときに得られる満足（満足度）に関する概念である．ミクロ経済学では，経済主体は代替可能な複数の財（代替財と呼ぶ）を組み合わせて財やサービスを消費することを前提にしている．そのため効用を数式化した効用関数は，$U=U(A,B)$ のように定式化される．

参考文献
内田義彦（1985）『読書と社会科学』岩波書店〔岩波新書〕．
井澤秀記（2011）「経済と経済学の語源について」RIEBニュースレター，No.103（https://www.rieb.kobe-u.ac.jp/research/publication/newsletter/column_back-issues/file/column103.pdf）.
依田高典・岡田克彦編（2019）『行動経済学の現在と未来』日本評論社．
大竹文雄（2019）『行動経済学の使い方』岩波書店〔岩波新書〕．
堂目卓生（2008）『アダム・スミス』中央公論新社〔中公新書〕．
川越敏司（2010）『行動ゲーム理論入門』NTT出版．
友野典男（2006）『行動経済学——経済は「感情」で動いている——』光文社〔光文社新書〕．

平澤典男（1995）『マクロ経済学基礎理論講義』有斐閣.

中込正樹（1994）『一歩先をゆく経済学入門──ミクロ編──』有斐閣.

中込正樹（1995）『一歩先をゆく経済学入門──マクロ編──』有斐閣.

中込正樹（2008）『経済学の新しい認知科学的基礎──行動経済学からエマージェンティストの認知経済学へ──』創文社.

中込正樹（2018）『意味と人間知性の民俗認知経済学──「トランス・サイエンス時代」への教訓を求めて──』知泉書館.

牧和生（2012）「新たな経済学の構築に関する展望」『青山社会科学紀要』40(2) 191-216.

牧和生（2016）「光トポグラフィーを用いた脳科学的研究の文化経済学への応用──ホスピタリティに着目して──」『文化経済学』13(1) 25-35.

牧和生（2019）「コンテンツツーリズムへの批判と展望」『国際・経済論集』(3) 99-120.

牧和生（2023）『オタクと推しの経済学』カンゼン.

2 章

人間の心理と経済学

2.1 行動経済学はどのような学問であるか

　本章では，従来の経済学の意思決定などに対して，批判的に検討を行っている行動経済学の概略について紹介をしていきたい．行動経済学についての研究[1]成果は，書籍などを通じて多くのものが世に出されている．書店に足を運べば，経済学のコーナーに行動経済学のスペースが設けられていることも少なくない．筆者が研究を始めた当初（2009年頃）は，行動経済学のコーナーがある書店はほぼ無く，経済学その他のコーナーかゲーム理論のコーナーに少しだけ行動経済学の書籍が置かれている程度であった．今では，行動経済学の理論をさまざまな分野に応用した書籍が出版されている．これは大いに歓迎すべきことであるが，この状況を注視する必要もある．それは「行動経済学」を現実社会とどのようにリンクさせているかということである．

　書店などで行動経済学の書籍を見てみると，経済学の応用としての位置づけである学術書と実践的な内容をまとめた実用書とに大別される．後者はマーケティングの要素が強いものが多く含まれている．行動経済学はマーケティングの延長線に位置していると解釈するのが妥当であるのかという問題も含めて，検討が必要であろう．

　行動経済学は，これまでの経済学の前提であった合理的経済人（ホモ・エコノミクス）を批判的に捉えている．合理的経済人の「合理性」に基づく意思決定に対して，行動経済学は「限定合理性」という観点から合理的経済人に切り込んでいく．行動経済学は，われわれが実社会で行っている意思決定をもとに，経済理論と現実の意思決定の結果が乖離する原因について，多様な研究がなさ

11

れている．行動経済学は，従来の経済学に心理学の要素を加えた学問であると
認識されると良い．

2.2　行動経済学の代表的な理論

　われわれと合理的経済人には大きな違いがある．それは，合理的経済人には
われわれが備えている「心」がないという大きな問題である．1章で合理的経
済人の特徴をまとめたが，利己的で計算高いという性格は自己に関わる効用を
もとに意思決定するという行動原理と結びつくことで,非常にドライで冷静（あ
るいは冷徹）な性格であると認識できよう．この合理的経済人どおりにわれわ
れが行動することは，非常に困難である．われわれは，将来の予想を立てよう
にも能力的な限界がある．またある事象が生じる確率ついても，正しく認識が
できていないかもしれない．しかし，コンピュータやAIの発達により正確な
予想と確率認識の問題は今後解決できるかもしれない．しかし，目の前の財や
サービスに対して購入するかどうか検討しているという場面のような場合で
は，AIなどのサポートを受けずに意思決定をしなくてはならないケースもあ
ろう．そして，われわれの日常生活においての意思決定は，合理的経済人の意
思決定としばしば異なる結論になるわけである．これは，われわれが意思決定
を行う際に作用する心の問題に起因するのである．
　われわれは，合理的経済人とは異なり「心」を持っている．合理的経済人が
常に理性的に意思決定をしていると捉えるならば，われわれは常に物事を感情
的に決定していると捉えてしまってよいのであろうか．答えは否である．われ
われは理性と感情の双方を備えており，これらを駆使しつつ意思決定を行って
いるのである．そして，われわれは意思決定の際に「合理的」に検討すること
もできるが，時に「非合理的」な行動を取ることがある．われわれのこのよう
な性格のことを,行動経済学では「限定合理性」と呼んでいる（中込, 2008; 依田・
岡田編, 2019; 牧, 2019など）．われわれは時々合理的に振舞うが，時々非合理的
な行動も取ると捉えると良い．
　この限定合理性のもとで，行動経済学はわれわれの意思決定をヒューリス
ティック（意思決定をスムーズに行う簡便法）や認知バイアスという視点から，さ

12

まざまな事例を紹介している．行動経済学の研究では，おおよそ以下の意思決定における理論が紹介されていることが多い[2)]．

　　① 参照点とプロスペクト理論
　　② アンカリング効果
　　③ フレーミング効果
　　④ メンタルアカウンティング
　　⑤ ナッジとスラッジ

　以上の理論について，本書でも関連するところが多いため大まかに紹介することにしたい．

2.3　参照点とヒューリスティック

　次の状況を想像してみてほしい．今あなたは利得（プラスの利益）を得ている．その状況を続けるか，行動を変えてしまうかどうするであろうか．また，こちらのケースではどうであろうか．今あなたには損失が発生している．その状況を続けるか，行動を変えてしまうかどうするであろうか．利得と損失は経済学において重要なものであるが，それぞれの状況下において合理的個人とわれわれとでは取られる行動が異なるのだという．

　従来の経済学では利潤が発生しているときは，合理的個人であれば利潤を最大限獲得したいと考えるであろうと想定してきた．一方で，損失が発生しているときには損失を最小限に留めたいと考え，その状況を変化させるような意思決定を行うであろうと考えてきた．しかし，カーネマンとトベルスキーらはリスク状況下において，これらとは異なる考えを主張したのである（友野，2006; 中込，2008; 依田・岡田編，2019）．

　しかし現実のわれわれは，さまざまな視点から自分自身が置かれている社会的状況（社会的文脈）を判断している．その状況を判断する際の視点の違いによって，これまでの経済学の仮定とは異なる意思決定を経済主体が行うことをカーネマンらは指摘しているのである．まず，利得発生時では人々の中にはすぐさ

まその利潤を獲得しようとして，行動を変化させる者たちが存在する．これは
リスク回避的な行動といえる．また，損失発生時には損失額を確定させたくな
いという心理から，損失が発生する状況を選択し続ける者たちが存在するとい
うものである．これはリスク志向的な行動といえる．これがプロスペクト理論
の特徴である．プロスペクト理論はリスク状況下において経済主体の価値判断
における出発点である参照点が，意思決定に大きく影響することを意味するも
のである．

　このような意思決定方法は，参照点依存型の意思決定と呼ばれる（中込，
2008）．さらに中込は，参照点を意思決定の視点としつつ，さらに経済主体が
置かれている社会的文脈も意思決定に影響を与えうることを指摘する．つまり，
われわれは参照点に加えて社会的文脈に依存しつつ，日々の意思決定を行って
いるといえる．なお，プロスペクト理論は，われわれは利得（ゲイン）と損失（ロ
ス）を同等のものとしては捉えていないこともクリアに表している（損得を総計
するとプラスマイナスがゼロにならない）．プロスペクト理論によると，われわれは，
得と損では損に過剰に反応することが示されている．この指摘は，得よりも損
を嫌う人間の心理を反映している．

　加えて，参照点はその時々の社会の状況に応じてシフトするものである．経
済主体の異なる意思決定の背景には，このような参照点に依存する意思決定の
興味深い問題が存在する．そしてプロスペクト理論は，これまで説明できなかっ
た行動をとる人々の研究に貢献したのである．

　次に②のアンカリング効果について説明をしよう．この理論はわれわれが意
思決定を行う際に，事前に与えられた情報によって影響を受けてしまうという
ものである．例えば，百貨店などで最初に高価な品を見せられ，次に価格の低
い品（それでもある程度の価格と思われるが）を見せられた時，事前に提示された
高い品の価格がアンカーとなり，2番目の価格の低い品ならば購入できるので
はないかと考えることである．アンカリングの「アンカ」は，船の錨の意味で
あるアンカーに由来する．

　そして，③のフレーミング効果も，われわれの意思決定にはさまざまな要因
が影響していることを意味している．フレーミング効果は意思決定において，
無意識的な枠組みを形成していることである．例えば質問の仕方によって，内

14

容が同じ質問にもかかわらず異なる答えを選んでしまったというケースが存在するのは，このフレーミング効果によるものである．この問題は中込も指摘しているように，前述の参照点の問題と関係するものである（中込，2008）．アンカリング効果やフレーミング効果などは，無意識的にわれわれの意思決定に影響を与えうるものである．このようなバイアスは，経済主体の参照点を変化させる影響もある．つまりこれらの心理的影響によって，行動経済学における研究結果は新古典派経済学が想定している不変的な意思決定とは異なる結果を導くのである．

　また④のメンタルアカウンティングは，心の会計と訳されるものである．われわれは同じ金額であっても，その金額に付随する背景的な情報によって別の捉え方をすることがある．例えば，大変な労働の対価として得た所得と偶然に宝くじなどで得られた所得とでは，後者を思い切って使ってしまうと考えやすいのではないだろうか．このような物事の捉え方の違いは，認知バイアスと呼ばれる心理的な影響によるものである．

　最後に⑤のナッジとスラッジについてである．セイラーらは，行動経済学を現実社会への応用として，ナッジ研究を進めた（セイラー＆サンスティーン，2009）．ナッジは「トントンと肩を叩く」という意味で，われわれを自然と良い方向に導くという役割を担う概念である．一方で，スラッジは「ヘドロ」を意味する概念で，われわれを良い方向へと導くつもりであったとしても実際は望ましくない行動を助長させてしまうというものである．ナッジとスラッジは対の概念と捉えると良いであろう．ナッジはいかにその内容から社会的な文脈を読み取らせ，われわれを望ましい行動へとサポートできるかがポイントとなる．

　現実社会では，さまざまなナッジが活用されている．例えば，電車を待っているときにふと足元を見てみるとさまざまな「ナッジ」で溢れている．どこに何列で並べばよいのか見やすく丸印で示してあったり，通行しやすいように矢印で進行方向を示してあるのを見かけたことはあるのではないだろうか．これも，言葉で細かく表記がなされていなくても，視覚的な情報をもとに「このように行動すれば良い」「相手はこう行動してほしいと期待しているのである」とわれわれが認知し，行動に移すからである．

一方で，われわれを望ましくない方向へと導いてしまうナッジを「スラッジ」と呼ぶ．スラッジの特徴の1つとして，われわれの自由度を無意識的に制約してしまうという例がある．真壁は自由放任であるリバタリアンと強制のパターナリズムの中間に行動経済学におけるナッジを据えることで，経済政策へのナッジの応用可能性を指摘する．ナッジは完全にわれわれを締め付けるのではなく，ある程度の自由を与えることで自然に望ましい方向へと向かわせることができるという（真壁，2011）．この点に，ナッジをデザインすることの難しさと可能性が見え隠れする．ナッジを公共政策へと応用しようとする例も多い（依田・岡田編，2019）．緩やかに人々の意思決定に介入しつつ，われわれを望ましい方向へと向かわせるという条件をクリアできるかがカギとなろう．

さらに真壁らは，行動経済学の応用として行動ファイナンスの可能性を指摘する（真壁，2011; 依田・岡田編，2019）．われわれ人間の行動をインサイトすることで，われわれの行動の深い部分に迫ることができる．確かに真壁の指摘のとおり，行動経済学の研究において学術的なアプローチがなされているものは，さまざまな計測可能なデータを用いて人間の行動と意思決定に関わる心理的要素に迫ろうとする研究が展開されている．

2.4 リアルかバーチャルかで変わる反応
──利己心と利他心で揺れる心──

これまで，経済学とくにミクロ経済学では各経済主体は利用できる情報をすべて利用し，自己の効用を最大化するように行動すると前提にされてきた．自己の効用を最大にするためには，利己的に行動することが望ましいと考えてきたからである．このような合理的経済人の意思決定によって，望ましくない状況を生じさせる公共財におけるフリーライダーの問題や，あるいは情報の非対称性におけるモラルハザードの問題は，利己的な行動に起因している．しかし，行動経済学においては，経済学が想定する理論どおりの選択をしない人々や，利他的な行動をとる経済主体の存在が指摘されている．本節ではこの利他的な行動を出発点として，経済主体の相互関係の生み出す影響について議論を展開することにしたい．

前述のとおり，これまでの経済学は人間を合理的経済人として捉え，自己の

効用を最大にするように行動すると想定していた．一方で行動経済学は，現実の人間は合理的な意思決定を必ずしも行っていないという事実を明らかにしてきた．すでに指摘したように，これらは「個人」においての議論である．われわれが生活する社会は，さまざまな経済主体の相互的な関係性のもとで成り立っている．相互関係が経済のみならず，社会そして文化を形成する重要な要素となる．

　筆者が考える相互関係とは，経済的な意思決定において影響を与える関係性についてである．カーペンターは，以下のフェールら（1999）の効用関数を最も成功した帰結主義的アプローチであると紹介している（Carpenter, 2009）．

$$U_i\ (x_i, x_j) = \left\{ \begin{array}{l} x_i - \alpha_i\ (x_j - x_i)\ \text{if}\ x_i < x_j \\ x_i - \beta_i\ (x_i - x_j)\ \text{if}\ x_i \geq x_j \end{array} \right\} \qquad (1)$$

　この（1）式はフェールらの効用関数である（Fehr & Schmidt. 1999）．この式における i と j はそれぞれのプレーヤーを表わし，パラメータ α_i はプレーヤー i の劣等感を避ける程度，β_i はプレーヤー i の優越感を避ける程度を表わしている．ここでは $\alpha_i > \beta_i$ となるように想定されている．これは人間の心理を反映しており，他者と比べて劣等な立場の方が心理的な影響が大きいということをこのモデルでは想定しているからである．このモデルの特徴は，他者との比較という点で相互関係性をモデルに取り入れていることである．他者と比較して優越感，あるいは劣等感を抱くというのは社会に 1 人しか存在しなければ考えなくてもよいからである．他者を意識する心理（不平等回避の心理など）を取り入れているところが，このモデルの興味深い点である．そして，これをカーペンターが効用関数における最も成功した帰結主義と評価するのは，結果から推測して現実的な効用関数をシンプルに示しているからである．

　さらにカーペンターは，最後通牒ゲームにおける理不尽な提案におけるプレーヤーの反応についても議論を展開している（Carpenter, 2009）．ここで取り上げられている実験は，コンピュータと人間がそれぞれ利己的な提案をした際にプレーヤーが拒否するかどうかというものである．もともと最後通牒ゲームでは合理的な個人同士の場合において，一方のプレーヤーが自分の分配分を限

りなく最大に近い値となる提案をし，相手には最低限のしかしゼロではない値を提案すれば受け入れられると想定される．このゲームでは提案者のオファーに対して，後手のプレーヤーがその提案を受け入れなければ相互に利得を実現することはできない．合理的経済人であれば，たとえ不公平な提案をされてもわずかながらでも利得が得られるならば，提案を受け入れるはずである．しかし，多くの場合このゲームを実際に行うと，必ずしも合理的な提案をプレーヤーが行わないことが確認されている．つまり，われわれの中には不平等を避けるような心理が働いている可能性があるのである．

　例えばブロントの実験では，コンピュータの提案する不公平な提案に対してプレーヤーはあまり拒否せず，人間の提案する不公平な提案に対しては拒否することが確認されている（Blount, 1995）．われわれの中に一貫して不平等を避けるような心理的選好があるならば，どのような状況であっても一貫して理不尽な提案については拒否し続けるはずである．現実の人間が行う理不尽な提案について拒否をするというのは，プレーヤーが提案の背景について深く考えている可能性が示唆される．一方でコンピュータはプログラムによって提案を提示しているだけであって，理不尽な提案を行っても特に深い意味は持ち得ない．さらに深く考えると，そのプログラムを組むのは人間であるから，プログラマーに対して被験者が悪意を感じることはありうる．しかし，コンピュータに対してそこまでプレーヤーは推測しなかったと考えることにしよう．

　このような結果を考察すると，われわれは他者からの提案の意図や意味（特に人間による提案の意図）を考えながら，意思決定をしていることが示唆される．これも社会的選好に大きく関係してくるものである．

　図2−1では，前述のブロントが評価するフェールら（1999）のモデルにおいて規定される無差別曲線群と，予算制約線がどのように接するかを示している．左の図はプレーヤー i がすべて利得を得ようとした場合（$\beta < 1/2$），右の図はフェアに利得の提案をする場合（$\beta > 1/2$）の均衡点である．われわれが優越時において他者との不平等さを避けるような心理が強い場合，お互いにとって平等となる意思決定を行うことが分かる．この点線上であれば，それぞれのプレーヤー（i と j）の効用は等しくなるので公平な提案を行うことが望ましいといえる．

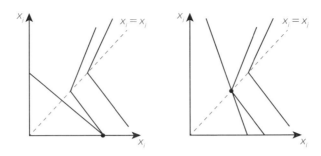

図2-1 不平等回避の心理が生じた場合の利得分配時における均衡点の変化
出所:Steven & Lawrence(2009)p. 250.

　上述の例では,結果としての公平かあるいは不公平かということに焦点を当てて,社会的選好についての議論がなされている.しかし,社会的選好はそれだけに留まらない.行動経済学の実験で行われる公共財投資ゲームでは,必ずしも現実の経済主体によるフリーライドが行われないことが確認されている(河野・西條編,2007).このような行動は,多くの人々にとって有益な財については公平に投資すべきであると実験の参加者たちが考えたのだろうか.社会的選好は,人々の倫理観や信念といったものと密接に関係するものである.われわれが抱く公平性という選好の背景には多くの人々との良好な関係性を継続したいという意味合いもあるであろう.このような意図を経済主体が持ち行動をするとき,まさに他者を意識しながら行動することを意味する[3].これも社会における相互関係を示す好例である.
　一方で,コンピュータによる実験の例では画面上に金額とともに提示される追加的情報である人間による提示か,コンピュータによる提示かという文脈を与えることによって,実験参加者であるプレーヤーの行動は変化した.この実験の結果からは,たとえ提示された金額が同額であったとしても,人間が提示したと捉えることができる状況と,コンピュータが提示したと捉えることができる状況では意思決定(ここでは提案金額を受け入れるかどうか)に差が生じることが示唆される.この差異は,コンピュータは機械的に金額をランダムで提示するものであるため,たとえ理不尽な金額を提案されたとしても納得できるという理由付けが可能である.つまり,意思決定の背景を理由付け行動理論で説明

が可能である.

しかし，提示される条件が人間によるものという文脈がある場合は，理不尽な金額の提案は途端に利己的な振る舞いを他者から受けたと認識される．そのような状況が生じると，われわれは他者の理不尽な提案に対して嫌悪感を示し，提案をリジェクトするであろう．人間は自分自身が他者と比べて明らかに優位な立場にある場合，不平等さを回避したいという心理が働くことが明らかになっている（Fehr & Schmidt, 1999）．この心理は，人間の謙虚さとして行動に表れる．しかし，自己が明らかに不平等な状況に陥ったとき，その原因が把握できていれば次の行動を決定することができる．たとえコンピュータ上であっても人間が提案する理不尽な金額は，利己的な提案であると実験参加者には認識されたのであろう．提案金額を受け入れるか拒否するかを検討している際に，人間が持つ利己心と利他心という一種の判断基準は意思決定に大きく作用する．われわれは，合理性さらにいえば行き過ぎた合理性の追求という問題に対して，経済学の処方箋を検討しなくてはならないのではないか．その問題意識の検討には，経済学に心理学を融合させた行動経済学の知見は不可欠である.

2.5 行動経済学の可能性と期待

われわれは，社会における営みの中で常に誰かしらの他者と協働している．集団内では誰もが他者との良好な関係を維持したいと考えるはずである.仮に，合理的経済人のような個人主義的な効用最大化を第一に行動する人間が実在し彼らが集団を形成しようとするならば，集団での関係性は機能しなくなるであろう．ここに，利己的な性格の限界が見える．われわれは，誰しも利己的な側面を有している．一方で，利他的な側面も同時に持ち合わせている．また，われわれは確率も正確に把握していないことも明らかとなっている．われわれは低い確率を高く評価し，高い確率を低く評価する傾向がある（友野, 2006; 中込, 2008; 依田・岡田編, 2019）．また，合理的経済人のように将来の予想も明確には立てることができず，しばしば近視眼的に目先の目標に対して時間や労力を費やしてしまうこともある.

しかし，確率も分からず曖昧な社会であるからこそ，人々との偶然のつなが

りによる協働が，経済や文化を変化させるという見方もできよう．経済学における個人主義という課題は，行動経済学においても見られるものである．他者との相互関係性という視点は，ゲーム理論などでは用いられているが，人間の行動を数学的にクリアに説明しきれるのであろうか．

　心を持った人間は理性と感情を駆使してわれわれは意思決定を行う．ダマシオによると理性と感情を調整するのは，人間の脳の部位でも特に前頭葉だという（ダマシオ，2005）．さらに，心を持った人間は他者と共感や感動を共有する．その結果，真の意味での幸福感が生じ，われわれの生活に彩りを与えてくれるのではないか．行動経済学が人間の意思決定の癖について，ヒューリスティックや認知バイアスなどの例を用いて理解を深めようとしている．そして，意思決定における癖をわれわれが理解して，うまく付き合うことができるようになればそこに「幸福な未来」はあるのであろうか．マーケティングの側面が強い行動経済学の本では，「このようにすれば売上が上がる」「顧客を惹きつけるのはこのような点に気を付けてビジネスモデルを組み立てればよい」などという魅力的なワードが目に飛び込んでくる．大切であるのは，その「人を惹きつける仕組み」の背景に，他者への利他心はあるのかということではないか．経済活動として売上は確かに大切であるが，売上のアップを期待して行動経済学の理論を活用しようとするあまり，顧客の顔や購入に至る心理を無視してしまうと本末転倒である．われわれの心は十人十色で，行動経済学の理論1つだけでは一括りにはできない．そこに行動経済学における理論の応用の難しさがあるが，同時に学問の面白さも感じるのである．

注
1）　本章は牧和生（2014）「サブカルチャーにおけるダイナミズムとホスピタリティ」（青山学院大学大学院博士論文）所収の第2章「行動経済学が示す知見および限界」をもとに加筆・修正したものである．
2）　現在までに多数出版されている行動経済学の関連書籍などを参考にされたい．
3）　われわれは損失に対して過敏に反応するという行動経済学の研究成果をこの議論に当てはめれば，社会的選好の形成に関わる要因について研究も深まるという期待もされる．

参考文献

依田高典・岡田克彦編（2019）『行動経済学の現在と未来』日本評論社.

Carpenter, J.（2009）"social preference." Steven, N. D. and Lawrence, E. B. *Behavioral and Experimental Economics*, Palgrave Macmillan.

河野勝・西條辰義編（2007）『社会科学の実験アプローチ』勁草書房.

ダマシオ, A. R. 著, 田中三彦訳（2005）『感じる脳情動と感情の脳科学——よみがえるスピノザ——』ダイヤモンド社.

友野典男（2006）『行動経済学——経済は「感情」で動いている——』光文社〔光文社新書〕.

中込正樹（2008）『経済学の新しい認知科学的基礎——行動経済学からエマージェンティストの認知経済学へ——』創文社.

Blount, S.（1995）"When social outcomes aren't fair: the effect of causal attribution on preferences." *Organizational Behavior & Human Decision Processes*, 62, 131–144.

Fehr, E. and Schmidt, K. M.（1999）"A Theory of Fairness, Competition, and Cooperation." *Quarterly Journal of Economics*, 114(3) 817–868.

真壁昭夫（2011）『最新 行動経済学入門』朝日新聞出版〔朝日新書〕.

牧和生（2019）「コンテンツツーリズムへの批判と展望」『国際・経済論集』（3）99–120.

牧和生（2023）『オタクと推しの経済学』カンゼン.

リチャード, H. T., サンスティーン, C. R. 著, 遠藤真美訳（2009）『実践 行動経済学——健康, 富, 幸福への聡明な選択——』日経BP社.

3 章

オタク文化とサブカルチャー
──経済学の拡張──

3.1　文化と経済学のクロスオーバー

　われわれは「文化」という言葉を耳にし，意識することなく日常的に接している．このいわば当たり前の概念である文化について，経済学では次のような捉え方をしている．1つは創造性を有した芸術文化やその成果物を文化と定義するものである．一方では，われわれの行動様式や価値観に基づく集団として現れる行動を文化と定義する捉えるものもある．前者は文化経済学の学問領域で採用され，後者はゲーム理論で採用されることがある．これらの2つの文化に関する経済学について，検討を行っていくこととしたい．まずは，文化経済学からである．

　日本では，1992年に学会が発足した文化経済学会〈日本〉で研究が積極的に行われている文化経済学は，近年ではその研究対象も拡大している．これまで，多くの研究者が研究を行ってきた財政学的な視点からの文化産業に対する分析や，その研究成果を基盤とする新しい文化政策に関する研究，アーツ・マネジメント研究，最近では，特に著作権やコンテンツに関する研究が多く行われている．筆者は，文化経済学の研究成果を自身の研究に大いに参考とした．しかし，筆者は後節で検討する荒井（2000）の文化の定義が，文化経済学が想定する「文化」と異なる見解を示していることにも注目した（牧，2011）．これら2つの文化を比較することは，われわれの感情や価値観に起因する行動を理解することに非常に有益な視点を与えてくれる．

　文化経済学では，文化を主に精神活動の結果として生み出される成果物，作品として定義している（金武・阪本，2005）．さらに，スロスビー（2002）は，成

23

果物における芸術的価値と経済的な価値とが異なるという指摘をしている．芸術に対する価値論については，ラスキンの固有価値と有効価値との区別にその起源をさかのぼることができるという（池上・植木・福原編，1998）．ラスキンは，固有価値を生活，あるいは生命に関わる自然に由来し，芸術性や創造性を高める源泉であるとした．一方の有効価値は，われわれが固有価値を享受できるようになってはじめて理解できる副次的な価値であると述べている．このような議論に立ち返るとき，固有価値が生み出すオリジナリティ溢れる作品と模倣品（創意工夫が見られない単なる模倣）を論じる研究や，固有価値を理解させるための仕組みに関する研究テーマも生まれてくるであろう．ラスキンの価値論は，現在でも文化経済学における理論の根底で生き続けている重要な概念である．このような芸術文化は，われわれの感情に作用し，生活に彩りと生きる活力を与えてくれる．

　文化経済学は今日まで，多様な文化とその周辺における諸問題（文化の担い手の問題，著作権，クリエイティビティの経済学，文化産業論など）に対して，経済学や社会学などの隣接する学問領域を横断しつつ研究がなされていた（後藤・勝浦編，2019）．そういった中で，文化経済学における研究対象はハイカルチャーを中心としていた時代がある．池上らは，文化について創造性を有しているという前提のもとで定義し，サブカルチャーを一部の作品においては創造性があるものも存在すると認めていた．しかし，犯罪や性的消費がなされるものも多いということから，すでに世間的に価値を認められているような文化を研究対象とした（池上・植木・福原編，1998）．池上らの書籍が出版された当時と現在とでは，研究対象も研究手法も大きく変化している．アーティストやクリエイターの創造性に関する研究や，伝統工芸産業における技術の継承についての研究，文化のアウトリーチに関する研究，アニメーション（以下：アニメ）やマンガなどの産業をテーマとした研究や，文化統計の整備に関する研究など挙げると切りがない．今日では，サブカルチャーも文化としての市民権を得ているのである．

　これらの文化経済学における研究の拡大を受けて，マンガやアニメの研究も多く行われるようになってきた．日本のコンテンツ産業はクールジャパンの代表として，世界から注目される一大産業となっている．一方で，これらの文化と文化を消費する人たちは，文化経済学の中ではあまり取り上げられることが

無かったように思われる．ここに本書の問題意識の1つがある．

　文化が多様な概念であればあるほど，見方を変えれば文化そのものの考え方が変わってくることがある．文化を精神活動の結果として生み出された成果物とは異なるものとして定義しているケースがある．荒井は，われわれが集団やコミュニティ内で共有される信念や慣習，習慣に基づく行動様式を「文化」と定義して研究を行っている（荒井, 2000）．このような文化の概念は，山岸らの文化社会学の研究と重なる部分が多い（山岸編, 2014）．この行動様式を文化と定義する文化と経済学に関するアプローチを「文化の経済学」と荒井は命名している．この荒井の主張も検討していくこととしたい．

　われわれは，現実社会において意思決定における選択を日々繰り返している．その際にわれわれは，無意識的にこれまでの生活で習得したルールや信念をもとに意思決定をしていることがある．このルールや信念が経済主体1人のみではなく，社会や集団，あるいはマクロ的な規模で共有されるとき，このルールや信念もまた文化であると荒井は指摘する（荒井, 2000）．荒井のいう文化は，多数の人々が共通の行動を取るための基礎となるべきものであり，日本において例えば他者を信頼するという文化（荒井はこのような文化を日本的と呼ぶ）は，他国の文化と比べて取引を効率的に行うことに寄与するという．つまり，われわれが文化に基づいて行動することで，社会が望ましい状況になっているというのである．もちろん，他者を信頼するという文化そのものが現在においては様相が変化していることもあろうが，その他のさまざまな文化も経済や社会において取引を効率的に実行するのに役立っているという指摘は，理解できる部分も多い．図3-1と図3-2は，荒井の主張をもとに文化の有無を考慮した場合の経済主体における行動の変化を図示した．

　一方で，このような文化の概念を金武らを，文化として認識はしつつも国際的な研究の動向は精神活動の結果としての成果物が文化であるとしている（金武・阪本, 2005）．さらに，荒井はこの文化経済学で定義される文化では文化の概念が狭義であり，研究対象が限定的であると批判している．この荒井の批判には，大きな意味が含まれている．

　情報技術やITの進歩により，われわれも気軽に情報の発信と受信が行われるようになった．この恩恵として，消費者自身がメディアに参加できるようになっ

図3-1　文化の枠組みを考慮しない場合の経済主体の行動様式
出所：筆者作成.

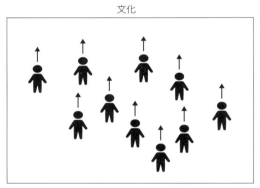

図3-2　文化の枠組みを考慮した場合の経済主体の行動様式
出所：筆者作成.

た．このようなメディアをCGM（Consumer Generated Media）と呼んでいる．自分自身で制作した動画や小説などをアップロードするプラットフォームもCGMである．CGMの特徴は，投稿者の創造性の有無にかかわらず気軽に参加できることである．一方でこのようなメディアの中には，先行する参加者の中で文化（サブカルチャー）が生み出されていることも少なくない．いわゆる，そのメディア内での暗黙の了解のようなユーザーに求められる統一的な行動様式

である．これも一種の文化と呼ぶべきものである．つまり，「文化」というわれわれが日常的に触れ，自己の行動や考え方そのものにも影響を与えている概念を総合的に検討していく必要があるのではないだろうか．

3.2 オタクとサブカルチャーの経済学

池上らはサブカルチャーの一部の作品等に創造性の存在を認めつつも，文化経済学の研究対象としてハイカルチャーに注目した理由を，成果物に含まれる創造性の有無と成果物そのものの健全さであるとしていた（池上・植木・福原編, 1998）．1990年代におけるサブカルチャーを概観すると，現在とは放送数は異なるものの深夜アニメも放送も放送されており，90年代後半からはパソコン用の成人向けゲームも注目されるようになった．その当時の深夜アニメは過激な演出のものも放送されていた．このようなコンテンツの一部には，倫理的に望ましくない表現がなされているものも存在する．このサブカルチャーに付随する一種の「ダーク」な側面を無視することはできない．加えて，目まぐるしく変化するサブカルチャーは，日々激しい競争と消費の中にある．市場で人気を得るコンテンツもあれば，市場で評価されることなく消えていくコンテンツもある．それらの分岐点は，創造性の有無なのであろうか．もしその答えが創造性であるなら，サブカルチャーは多くの人にとって文化同士の違いが分かりにくく，成果物に含まれる創造性も少ないと思われるかもしれない．サブカルチャーを創造性という視点から捉えてしまうと，文化としての本質に迫れないのではないか．

サブカルチャーのような変化の大きい文化では，明確な文化的価値（文化的価値が存在しないという議論も起こりそうであるが）の判断が困難となる．長期的ではなく，短期的にめまぐるしく消費される対象が変化するような文化の場合では，芸術文化のような価値判断（芸術的価値と経済・商業的価値）とは異なる基準が必要となる．もちろん池上らが指摘する，一部のサブカルチャーなどが芸術と認められる可能性は存在する（池上・植木・福原編, 1998）．しかし，文化内の経済主体がいわゆる行動規範（文化内における行動の規範）が同質的であり，創造性を発揮しているならば「文化」として研究されるべきである．しかし，この

創造性の多寡をどのように検討するかは議論の余地がある．

さらにいえば，池上らの議論の起点となっているラスキンの価値体系からいえば，サブカルチャーは固有価値としての生命の根源に関わる価値でいうところの労働力の再生産に関わる娯楽ということになる．つまり，余暇の1つであると解釈される．サブカルチャーにおける作品やその意味を理解することで有効価値が生み出される．もちろん，これはラスキンの価値論を拡大解釈した場合である．さて，ここでのポイントは「余暇」というところである．

経済学では，余暇は労働力を再生産するための休息であると考えられてきた．しかし，この余暇というのは単なる休日に体力を回復させるという意味だけではなく，現代的な意味での「休日の過ごし方」や「個人の自由な時間」をどのように活用するかという問題が重要なのである．有限であり人間にとって唯一平等である24時間という時間を，労働と余暇の効率的な配分を検討すればよいわけではない．この余暇の過ごし方に，サブカルチャーの生産や消費も含まれるからである．重要であるのは，サブカルチャーは身近に存在するだけではなく，多くの人々が創造できる可能性も有していることである．

3.3　オタクやサブカルチャーの定義とその変化

そもそも，ハイカルチャーやサブカルチャーをどのように考えていけばよいのであろうか．他にもポピュラーカルチャー（ポップカルチャー）と呼ばれる文化も存在する．また，オタク文化（オタクカルチャー）はどのような文化であるかも検討の余地がある．

まず，サブカルチャーとは何かについて考えていくこととしたい．サブカルチャー（subculture）は部分文化あるいは下位文化と訳されるものである．厳密な定義は難しいが多くのサブカルチャー研究では，共通してサブカルチャーは体系的ではないと指摘している．これはさまざまなサブカルチャーのカテゴリーにおいて，経済主体がさまざま行動をとることを意味する．野村総合研究所はサブカルチャーにおけるオタクと呼ばれる経済主体について，カテゴリーごとに詳しく分析している（野村総合研究所，2005）．サブカルチャーは，さまざまな文化的な性質を持っている．

例えば，サブカルチャーを下位文化と捉えるとき，サブカルチャーは上位文化である芸術文化（ハイカルチャー）への対抗文化（カウンター・カルチャー）としての性格が強くなる．これは，サブカルチャーへの世間的な認知度が低い場合や，あるいは世間の評価が低いにも関わらず，その文化内において芸術的な価値を持ちうる作品が生み出されるような場合には，対抗文化として認識されるであろう．これが池上らにおいて指摘されている，サブカルチャーやポップカルチャーが芸術文化へと認められる可能性である（池上・植木・福原編, 1998）.

　一方で部分文化としてのサブカルチャーは，特定の文化から独自の進歩を遂げた文化と考えることができる．例えばアニメ作品は榎本が述べているように，もともと幼い子ども向けの娯楽であった（榎本編, 2009）．しかし，スタジオジブリが制作する劇場版アニメは子どものみならず，多くの大人にも楽しまれている．このような広く一般的に受け入れられるアニメ作品は大衆娯楽的な側面を持つといえる．

　しかし，子ども向けのアニメあるいは一般向け作品とはターゲットの異なるアニメが，深夜帯で放送されているアニメに含まれる．深夜アニメは，視聴のターゲットを中高生以上に設定している場合が多い．河合は深夜アニメのメリットとして全日帯（ゴールデンタイム）では放送できないアニメ作品が制作できること，さらに放送枠が安価であることを指摘している（河合編, 2006）．これは，深夜アニメにおいて成人向けPCゲームが原作のアニメが多かった時期（2000年前半から中期あたり）を見れば納得できよう．しかし，深夜アニメも時代の変化が見られることを確認せねばならない．一般的には，深夜アニメは熱心なアニメファンを対象とする狙いもあったと思われる．これは永田がいう，今日の深夜アニメの源流はOVA（オリジナル・ビデオ・アニメーション）であるという指摘からも理解できるものである（永田, 2011）．OVAは，テレビアニメの続編や本編とは別のストーリーとして制作される場合も多い．

　しかし，永田は1980年代から1990年代のOVAは，テレビでは放送できないような内容のものが多かったとも述べている．OVAはその作品を支持するアニメファンたちに支えられて，その後も数多く制作されていくことになる．永田の指摘どおり深夜アニメの源流がOVAであると捉えるならば，明らかに大衆娯楽的なアニメとは異なる性質を持つものであるといえる．つまり，サブカル

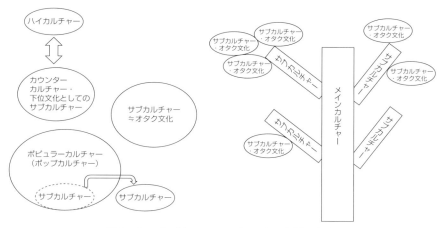

図3-3　サブカルチャーをめぐる多様な解釈

出所：筆者作成.

チャーと大衆文化（ポピュラーカルチャーないしはポップカルチャー）は異なるものと捉える方が良い．

　それでは，サブカルチャーは何の「部分」で「下位」であると解釈すればよいのであろうか．アニメコンテンツが大衆に向けた娯楽であるなら，大衆文化の一部分を形成していると見なすことができる．そうなると，文化的なレベルであればハイカルチャーの下に位置する大衆文化の一部に，サブカルチャーも位置することになる．アニメのみに関わらず，マンガやゲームなどを当てはめてみるとより理解しやすいであろう．一般的に娯楽として愛読されているマンガもあれば，マニアックな設定で一般受けはしないマンガも同じ「マンガ」というカテゴリーに属している．しかし，この性質が異なるマンガを「同じ文化」では一括りにもできない．つまり，後者のマンガは大衆的な娯楽としての文化とは趣を異にしていると捉える方が適切であろう．そのため，大衆文化としてのサブ（部分）の文化であるという位置づけが成立する．

　このことから，文化というのはそれぞれが孤島のように存在しているのではなく，ハイやポピュラーあるいはサブの文化が何かしらの連関を持って成立していると捉えることができよう．これは，文化そのものが突発的に生じるので

はなく，既存の文化を踏まえて一部異なる要素も含んで生み出されるという意味である．既存の文化とは異なる微妙な差異こそが，サブカルチャーやオタク文化における人々を惹きつける魅力になりうる．サブカルチャーとオタク文化の切り分けは非常に難しく，サブカルチャーの中にオタク文化も含まれると考えたほうが，これらの文化を多角的に考察できる．本書では，これらのサブカルチャーやオタク文化の定義を「**メインの文化とは少し異なる特徴や要素を備える文化の総称**」として，議論を進めていくことにしたい

3.4　オタクを巡る社会の変化

　社会における価値観や人々の評価が日々アップデートされるように，「オタク」に関する人々の見方も大きく変わっている．筆者はオタクの定義が緩やかになっている現在において，オタク文化やサブカルチャーを消費することについても社会が寛容になっていることを指摘した（牧，2023）．これは，ライトなオタク層や推し活という消費が一般的になってきたことによるものである．ここで，これまでのオタクに関する諸研究から現在におけるオタク文化の変容について検討をしたい．

　吉本によると，おたくの起源は1970年代まで遡ることができるという．この当時のおたくを惹きつけていたカテゴリーはSF（Science＆Fiction: 空想科学小説）であったという（吉本，2009）．ここで，「おたく」と「オタク」は異なる存在であるということも念頭に置く必要がある．そもそも現在とほぼ同じ意味でおたくという呼称が登場したのは，1983年に成人向けマンガ雑誌に掲載された中森明夫のコラムによるものである[1].中森は，同人誌頒布会であるコミックマーケットに集まる男女を観察し，根暗やマニアや熱狂的なファンなどの呼び方ではしっくりこないことに注目する．そこで，彼ら（彼女ら）が同人誌の売り手や参加者同士でやり取りするときに用いていた「御宅は……」というフレーズこそ彼ら（彼女）らを表すのに相応しい呼称であるとして，「おたく」と命名したのである．このコラムの内容は続編の内容も含めて，一部に過激な内容も含まれていた．そのため，このコラムが世に出た後に発生した東京・埼玉連続幼女誘拐殺害事件の影響もあり，おたくに対する社会の視線は大変厳しいもので

あったという（榎本編, 2009）．これは，犯人であった宮崎勤が，コミックマーケットで「美少女戦士セーラームーン」の同人誌を頒布していたことも影響している．

一方で，中森のコラムにおいて注目すべきなのは「おたく＝男性」ではなく「男女（コラムの中では少年少女）」と記載しているところである．オタクの定義を巡っては吉本のように男性と性別を限定するケースもあるが，多くのオタク研究における定義では性別の記載をしていないものも多い（吉本, 2009; 牧, 2014）．そもそも，おたく（またはオタク）に関しては，その定義も研究者によってさまざまである．野村総合研究所の研究チームがアンケート調査によって明らかにした，オタクの心理的な特徴としての共感，帰属，顕示などの心理的因子がオタクではない人と比較して強く生じるという研究成果は，直感的に理解できるものであるが，アンケート調査をもとに実証したことが重要である．また，オタク市場が成長していく特徴としてCreativity（創造性），Collection（収集性），Community（集団の輪）という3つのCをクリアに示したことも興味深い（野村総合研究所, 2005）．

さておたく（オタク）の定義においては，サブカルチャーやオタク的趣味に傾倒する人々という視点や枠組みで捉えられていることが多い（東, 2001; 榎本編, 2009）．その枠組みに，創作活動や熱狂的な盲目的消費という文言を追加した例もある（野村総合研究所, 2005; 児玉・石川・高田・城, 2007; 折原, 2009）．また，オタクという存在を別の角度から定義するものもある．斎藤は，オタクが傾倒する趣味の対象の多くが子ども向けの財やサービスであることに注目した．本来であれば成長する過程で徐々に子ども向けの財やサービスから，大人がターゲットとなる財やサービスへと消費の対象がシフトしていくはずである．しかし，斎藤によるとオタクたちは肉体的には大人となっているが精神的な部分では子どもの側面を残した存在（斎藤はこれを分裂気質と呼ぶ）であるという（斎藤, 2006）．また，趣味に没頭することで盲目的な消費となり自己の世界に閉じこもってしまうという閉鎖的な性格が定義に採用される例もある（牧, 2014）．またオタクについて，コミュニケーション能力や社会的常識が欠如しているという見方もあるが，菊池らの研究ではオタク的な趣味や嗜好がある人達はむしろオタクではない人たちと比べてコミュニケーション能力は高かったということ

も明らかになっている（菊池・金田・守，2007）．これは，オタクと命名された経緯を考えてみると，「御宅は」と会話を切り出すということはなるべく他者と波風を立てずにやり取りをしたいという心理がおたく（オタク）たちには強かったのではないかと推測される．

　さまざまなおたくやオタクの定義を概観してきて，読者諸君はあることに疑問を持ったかもしれない．それは，中森のおたくという命名から社会的に大きなインパクトを与えた事件を経て，オタクの定義はどのように変わっていったのかということである．本節では，おたく（平仮名表記）とオタク（片仮名表記）が混在しているが，その差異は彼らや彼女らが生活した時代の違いだけ留まらない．おたくは趣味のインフラが整備されておらず，仲間探しを始めアナログを駆使し，趣味そのものを創り上げた人々のことを指す．片仮名でオタクと表現される場合は，多数の趣味が乱立し趣味を楽しむための仕組みが整備され，インターネットなどを使って自由に趣味を楽しむことができる時代を生きる人々を指すという（榎本編，2009）．確かに，中森がおたくと命名した当時と現在ではオタク的な趣味の多さや，趣味を極めることの困難さが異なることは想像に難くない．そのため前述の「おたく≠オタク」という意味が理解できたであろう．したがって，本書では今後は特に言及がない限り「オタク」と表記することにする．

　片仮名でオタクと書き始めたのは，岡田斗司夫であるという．岡田は，オタク研究では多く引用される「進化した視覚論」を主張した人物である．岡田の取り組みは，社会におけるオタクの負のイメージを解消したいというねらいもあったと思われる．なぜなら，岡田のオタクの定義は極めてポジティブな視点でオタクを捉えているからである．岡田はオタクの定義に次の3つの要素を挙げている．まずは①優れたリファレンス能力を持ち，②進化した視覚を持ち，③飽くなき向上心と自己顕示欲を持つという要素である（岡田，2008）[2]．特に注目すべきは②の進化した視覚についてである．

　岡田はアニメ「クレヨンしんちゃん」を例に，原画担当や作画監督などのアニメの質を大きく左右する重要なスタッフによる微妙な仕事や出来の違いを「見抜く」力を進化した視覚と名付けている．現在のアニメ制作においては，デジタル制作による技術の進歩に加え，作画監督あるいは総作画監督による原

画の修正がほぼ適切に入るため，制作スタッフによる微妙な作画の違いはあるものの，その差については意識して視聴していないと気が付くことは難しい．その分作画が大きく崩れてしまった場合は「作画崩壊」が発生したとして，アニメオタクたちの注目を浴びることになる．

　しかし，「クレヨンしんちゃん」などの90年代のアニメにおいては制作スタッフによる作画の違いが，現在よりも色濃く表出していたといわれる．岡田は当時のオタクたちはキャラクターたちの顔立ちの違いや，演出スタッフの特徴から誰が作品を担当したか注意深く読み取ろうとしていたと指摘する（岡田，2008）．エンディングのスタッフロールでオタクたちの予想の答え合わせができるわけであるが，1回の視聴ですべてのスタッフを確認するのも困難である．現在のようにタイムシフト視聴ができる訳でも，インターネットの公式サイトで各話のスタッフリストが発表されている訳でもない．繰り返しアニメを視聴するためにはVHSテープに録画するしかなく，オタク的な楽しみ方とそのための苦労が窺える．なお，現代でもアニメの各話の制作に携わるスタッフの差によって，作品そのもののクオリティが大きく変化することはある．この差異に気が付くことができるかもアニメ鑑賞の1つの楽しみ方である．

　この進化した視覚論は，オタクの消費を極めてポジティブに捉えているのと同時に汎用性のある理論である．自己をオタクと自認している人もそうでない場合も，こだわりや熱中するものを1つは持ち合わせている．その熱中するものについては，そうでないものと何かの「違い」があるはずである．その違いに気が付き，その違いに惹きつけられることがオタクにとっての重要な心理であるといえる．しかし，その他との違いに惹きつけられ共感することで，進化した視覚はより正確に高度なものへと深化する可能性がある．この特定の財やサービスの他との違いに気が付き，集中的に消費するという構造そのものはオタクであろうとなかろうと，われわれ人間に共通するのではないだろうか．そうであるなら，筆者がまとめているように現在のオタク市場においては推し活などの消費の対象や種類も拡大することで，従来からの趣味に没頭する人たちと，新しく登場した趣味に熱中する人たちが共存している状態となっている（牧，2023）．後者はインターネット上の掲示板などにおいては「にわか」などと呼ばれ，オタクではない存在（オタクになり切れていない存在）とされることも

多かった．しかし，近年のオタク市場の拡がりを見れば厳密にはかつてのオタクとは異なる存在であるかもしれないが，このライトなオタク層や推し活層も今の時代における「オタク」と捉えるべきではないか．

　オタクの定義も時代とともに変わりつつある．かつて電気街であった秋葉原が徐々にアニメや萌えの街へと変化し，今ではメイドカフェやコンセプトカフェが立ち並び，路地裏にあったマニアックなPCパーツショップがトレーディングカードショップに変わっている．その変化は秋葉原駅前の再開発の影響や，社会的なオタクのイメージの改善もあり秋葉原という街にライトなユーザー層の流入をもたらしたが，この変化を良いものと捉えることができない人たちがいるのも納得ができる．古き良き時代の秋葉原を知っていれば，今の秋葉原では自己の欲求を満たすことが難しくなりつつあるからである．また，東京におけるアニメやサブカルチャーの街としての機能は，池袋の乙女ロードや中野ブロードウェイ，渋谷などにもある．

　特に池袋のアニメの街としての発展は，コンテンツ文化の消費とオタクやファン同士の交流の拠点としての機能的役割を，秋葉原と補完関係であるのかそれとも代替関係であるのか，またそもそも全く別の存在であるのか検討しても面白い．筆者は池袋のコンテンツ文化の発展は，そもそも女性向けコンテン

図3-4　秋葉原のメイン通り
出所：筆者撮影（2024年10月）．

3章　オタク文化とサブカルチャー　　35

ツが主であったという流れと，秋葉原がインバウンド観光客の取り込みに成功したことで外国人向けの店舗やサービスも増え，観光地化してしまったこともあり，秋葉原と池袋は異なる進化をしていくのではないかと予想する．また，広範囲に同業他社が拡散している秋葉原と，比較的狭い範囲で密集している池袋，商店街のように店舗が集積する中野ブロードウェイとでは地理的なメリットもテナント賃貸料なども異なり，再開発のしやすさや企業の新規参入のしやすさなども大きく異なるため，単純に比較はできない．オタクの街は秋葉原というイメージは根強いと思われるが，オタクとしての趣味は秋葉原という場だけで満たすことができるというわけでもない．インターネット上で，企業や個人を問わず取引ができるようになり，オタクとしての趣味を楽しむことへの地域間の格差は徐々に解消されつつある．重要であるのは，ライトなオタク層も市場に参入できなければ，市場そのものを維持できないということである．

　サブカルチャーやオタク文化は個人の価値観が強く反映される．一方で，オタクたちは野村総合研究所が明らかにしたように共感や帰属などの強い心理が働いている（野村総合研究所，2005）．文化の発展には何かしらの「場」が必要である．図3-5を見られたい．池袋駅東口からしばらく歩くと，乙女ロードと呼ばれる女性向けのコンテンツを扱う店舗が集中しているエリアにたどり着く．アニメイト池袋本店を中心に，独自の発展を遂げている．筆者が注目するのは，中池袋公園である．散策に疲れたときに一休みできる空間だけでなく，

図3-5　アニメイト池袋本店近くの中池袋公園
出所：筆者撮影（2023年5月）．

さまざまな価値観を持つ人々が交流できる場として機能しうるからである．また，以前この公園はトレーディング商品の交換の場にもなっており問題となっていた．公園のリニューアルに合わせて他の公園利用者の妨げにならないように配慮したうえで，金銭を伴わないトレーディングが認められることとなった．公園を媒介として，出会うことのなかった他者との出会いと交流が生まれる．希望する商品同士の交換だけに留まらず，多様な価値観が交錯し文化を紡ぎ発信していく場となりうるか注目することとしたい．

　好きなものや情熱を注げる対象を持つ者もオタクとして定義するという現在のオタク研究の動向を踏まえると，人間誰しもが「オタク」とカテゴリーされる未来が訪れることになる．筆者はオタクに対する社会の見方が寛容になっている現代において，すべてのオタク的消費や嗜好が許容されるべきであるとは主張したいのではない．池上らが指摘するように，サブカルチャーは社会的なモラルや人間としての尊厳を無視するような表現が含まれる作品等も存在する（池上・植木・福原，1998）．しかし，これまですべてのオタク文化においてマイナスの感情や拒否反応を示したものに対して，われわれが理解しようとする姿勢も必要となるのではないだろうか．これからの時代にオタクとともに，自分自身もオタクとして生きていくために重要となる他者の価値観を許容する姿勢については，後の章で説明を行うことにしたい．

3.5　オタク文化の経済学
——経済理論の適応と限界——

　われわれ人間は，さまざまな部分で合理的経済人とは異なっている．2章で説明した心の有無だけではなく，未来も正確には予測はできない．意思決定に影響を与える選好も，経済理論では首尾一貫しているとされているが，現実的に考えれば選好はライフスタイルや消費してきた財やサービスによって大きく変化しうる．むしろ，われわれの人生経験や学習によって選好は形成されているといってよい．もちろん，文化消費が選好に与える影響も大きい．後藤・勝浦らの研究を参照すると，さまざまな文化が人々の生活にとって不可欠なものであることが分かる（後藤・勝浦編，2019）．

　代替的な財やサービスが無いため，盲目的にオタクが消費するという行動は，

経済理論では無差別曲線が垂直として導出されるイレギュラーなケースである．しかし，現実を見ると他の代替ができない財やサービス，人物などに夢中になるのは良くあることである．むしろ，代替ができないからこそオタクたちは熱狂し，消費の対象を生活の一部や心の拠り所として認識するのである．この消費の背景は経済学的に無意味なものではない．消費の背景やプロセスを理解することは，単に経済主体の意思決定の仕組みを理解することに留まらず，人間そのものの心理に迫ることができる重要な研究課題である．経済学が人間の行動の背景を掘り下げ，創り出された文化や意味を研究する「人間学」であるなら，オタク的消費を研究することに多数の可能性が秘められていることに気が付くことができるであろう．

謝辞

本章は牧和生（2014）「サブカルチャーにおけるダイナミズムとホスピタリティ」（青山学院大学大学院博士論文）所収の第3章「文化における経済学的研究──アートと行動──」，第5章「文化と経済──議論の拡張──」，牧和生（2020）「コンテンツツーリズムへの批判と展望」九州国際大学『国際・経済論集』(3) 99-120をもとに加筆・修正したものである．論文の転載を快諾して頂いた九州国際大学現代ビジネス学会に心より感謝申し上げる．

注

1） おたくという呼称の経緯やオタクを巡る諸研究についての詳細は，榎本編（2009）牧（2014，2023）などを参照されたい．
2） 1996年に太田出版から発売された書籍のリバイバル版である．

参考文献

東浩紀（2001）『オタクから見た日本社会──動物化するポストモダン──』講談社〔講談社現代新書〕.

荒井一博（2000）『文化の経済学──日本的システムは悪くない──』文藝春秋.

池上惇・植木浩・福原義春編（1998）『文化経済学』有斐閣.

榎本秋編（2009）『オタクのことが面白いほどよくわかる本──日本の消費をけん引する人々──』中経出版.

岡田斗司夫（2008）『オタク学入門』新潮社〔新潮文庫〕.

折原由梨（2009）「おたくの消費行動の先進性について」『跡見学園女子大学マネジメント紀要』(8) 19-46.

金武創・阪本崇（2005）『文化経済論』ミネルヴァ書房.

菊池聡・金田茂裕・守一雄（2007）「FUMIEテストを用いた〈おたく〉に対する潜在的態度調査」『人文科学論集人間情報学科編』（41）105-115.

児玉理映子・石川千里・高田雅美・城和貴（2007）「特定ユーザーのための嗜好分析パターン抽出の一手法」『情報処理学会研究報告』（128）61-64.

後藤和子・勝浦正樹編（2019）『文化経済学──理論と実践を学ぶ──』有斐閣.

斎藤環（2006）『戦闘美少女の精神分析』筑摩書房.

スロスビー, D. 著, 中谷武雄・後藤和子監訳（2002）『文化経済学入門──創造性の探求から都市再生まで──』日本経済新聞社.

永田大輔（2011）「『アニメおたく/オタク』の形成におけるビデオとアニメ雑誌の『かかわり』──アニメ雑誌『アニメージュ』の分析から──」『社会学ジャーナル』（36）59-79.

野村総合研究所オタク市場予測チーム（2005）『オタク市場の研究』東洋経済新報社.

牧和生（2011）「共感をきっかけとする文化創造──アニメオタクの認知を中心に──」『青山社会科学紀要』40(1)109-122.

牧和生（2014）「サブカルチャーにおけるダイナミズムとホスピタリティ」青山学院大学（博士論文）1-246.

牧和生（2016）「光トポグラフィーを用いた脳科学的研究の文化経済学への応用──ホスピタリティに着目して──」『文化経済学』13(1)25-35.

牧和生（2020）「コンテンツツーリズムへの批判と展望」『国際・経済論集』（3）99-120.

牧和生（2023）『オタクと推しの経済学』カンゼン.

山岸俊男編・西條辰義監修（2014）『文化を実験する──社会行動の文化・制度的基盤──』勁草書房.

吉本たいまつ（2009）『おたくの起源』NTT出版.

4章

サブカルチャーを生み出す原動力
──コンテンツ消費の経済学──

4.1 消費者生成メディアとコンテンツ消費

筆者が取り上げているオタクという経済主体は，多くの研究者が採用する定義の中での共通項として「趣味に没頭する」という用語が付随する．この趣味（サブカルチャーゆえのマニアックさが含まれるもの）に没頭するオタクたちが生み出す文化の可能性が，多くの研究者によって指摘されている．例えば，岡本はコンテンツツーリズムが注目される契機となった，アニメ「らき☆すた」で見られたコンテンツの活用事例において，地域住民とアニメファンとの理想的な関係性のあり方を検討している（岡本, 2013）．井手口は同人音楽（インディーズとは異なる個人やサークル制作の音楽）の現状をクリアに分析している（井手口, 2012）．サブカルチャーにおいては，発信力のある企業（生産者）の存在も不可欠である．アニメオタクを強烈に惹きつけるアニメを制作し配信するような企業と，さまざまなオタクの創作・情報発信活動の結果としてサブカルチャーは常に新しいコンテンツを創造しているからである．本章では文化を生産・消費する経済主体を文化経済主体と呼び，検討をしていくことにしたい．

サブカルチャーにおいては，芸術家という認識がなくても作品を生み出すことが可能である．岡本は，アニメの聖地巡礼研究においてインターネット掲示板の発言をまとめた「まとめサイト」を分析に利用している（岡本, 2013）．まとめサイトは，そのサイトの管理人が掲示板での書き込みや議論の内容を抜粋し時系列的に並べているものである．雑多な掲示板内でのやりとりが一目瞭然に分かるため人気があり，過去には多くのまとめサイトが存在しそれぞれに特色があった．近年では，ソーシャルメディアなどの新しいトピックスを研究や

分析に取り入れる例は多く見られる．このまとめサイト自体にも問題があるものもあったが，情報空間における「場」として果たした役割は大きいといえる．

インターネットという情報空間は多くの利用者が集まり，個人が制作した作品を提供できる場も多く存在している．動画などなら「ニコニコ動画」や「YouTube」，イラストであれば「pixiv」，小説なら「小説家になろう」などである．これらはサイトの利用者が生み出す文化は消費者生成メディア（CGM: Consumer Generated Media）と呼ばれている．また，会員制の交流サービス（各種SNS）もCGMに含まれる．このようなメディアやサービスを通じて，一部の高い創造性を有した投稿者がプロとしてデビューし活躍することもある．しかし，これらの利用者の多くは思い思いの作品や動画などの投稿を行う．あるいは作品の投稿はせずに作品を視聴や鑑賞し，コメント機能で感想を述べるなどでコンテンツを楽しんでいる．これまでは，作品を創造できる能力がない人々は作品を鑑賞するしかなかったが，コメントや投げ銭（スーパーチャット）などでクリエイターやファン同士と直接交流することができるようになったことが，大きな特徴である．

サブカルチャーという文化的な性格において，スロスビーの文化的な価値と経済的な価値という区別に従うと，多様なCGM利用者は文化的な価値を高めていくということになる（スロスビー，2002）．ここでの文化的価値とは芸術文化（ハイカルチャー）とは異なり，サブカルチャーの文化としての価値を最大にしたいという意味である．サブカルチャーにおいては，スロスビーの指摘する文化的価値とは多くの点で当てはまらないものがあるため，ここではサブカルチャーを維持・発展させるための価値を，サブカルチャーの「文化的価値」と捉えることとしたい．

吉本はオタクの起源をSFオタクであると述べていた（吉本，2009）．当該文化に興味のない人々からくだらないと揶揄された，空想科学小説に強烈に惹きつけられた経済主体が，オタク（厳密にいえば時代的に「おたく」と記載するのが適切）の起源ということである．彼らがSFファンの集まる大会において切磋琢磨した結果，サブカルチャーにおけるSFの分野は充実した．これは，まさに文化的価値を高めている例である．

スロスビーのモデルと筆者の指摘との根本的な違いは，多数の他者（いわば

アマチュア集団）とともに創り上げるサブカルチャーにおいて，行動する経済主体が合理的な判断を伴って意思決定を行っているか否かというところにある．多くの利用者が登録している動画サイト「ニコニコ動画」を例にとれば，この動画配信サイトに投稿することで経済的な利潤を獲得できるとは限らない．コンテンツの投稿によって利潤を獲得したいならば，経済的な利潤を多く獲得できる可能性があると期待できる「YouTube」に投稿するべきである．動画投稿が利潤獲得には繋がらないが，投稿することで効用が得られるという解釈もできよう．その観点では利用者が多いサイトやメディアに投稿することで，投稿者は自己の作品等を他者に閲覧してもらえる機会が増えるため，効用が得られる可能性がある．

　さて，動画サイトの利用者（動画サイトのみならず，インターネットを通じて作品をアップロードしている文化経済主体も含む）は，金銭的な報酬が得られない可能性があるにもかかわらず，なぜ作品を制作し投稿するのであろうか．さらにコンテンツの利用者（メディアの性質上，利用者であっても作品の作り手，文化の担い手となりうる）も，経済的な価値やスロスビーの指摘する文化的な価値の含有が少ない作品に対して，なぜ強烈に惹きつけられるのだろうか．経済的価値を数量的な価値とするならば，文化的な価値は質的な価値といえそうである．これが，サブカルチャーにおける経済主体の意思決定に関する示唆を与えてくれそうである．

　例えば，余暇に作品を制作し動画サイトに投稿するという行動が非合理的である理由は，前述の投稿した作品が与える文化的な影響や利潤獲得の機会の少なさという点から，合理的に判断するとこのような行動は理解できないからである．さらに，作品を制作はしないが何らかの形でサブカルチャーに関わる文化経済主体についてや，野村総合研究所が指摘する極端な消費やある作品に対する強いこだわりが生み出す2次創作活動などは，合理的な意思決定であるとはいいにくい（野村総合研究所，2005）．こだわりという心理的なバイアスは，合理性というフレームワークでは説明できない．スロスビーは芸術家であっても，天才とそうではない者とでは生み出す文化的な価値に差が出ると述べている（スロスビー，2002）．これは，当然のことである．天才ではない芸術家が収入を得るためには，芸術家自身が自己選抜を行うことで自らが生み出すことのでき

る作品の種類を判断することになる．その結果，経済的価値に比重を置くか，それでも文化的価値に比重を置くかという選択をすることになる．

　野村総合研究所の研究から，アニメオタクの場合は知識や評論への傾倒性が高いことが指摘されている（野村総合研究所，2005年）．オタクたちはこのような知識を情報発信していくわけであるが，このような深くマニアックな知識を得たとしてもその知識が収入を生み出すとは限らない．オタク的な行動として極端な消費を取り上げるとすれば，消費するためには所得が必要となる．どのような職種であっても，趣味を仕事にできる者はわずかであるから，オタクがサブカルチャーにおける創作活動以外から所得を得ていると仮定する．この場合，スロスビーのモデルのように芸術作品を生み出すことによって，生活に必要な最低限の収入について考えなくても良くなる．芸術家がどうしても職として芸術文化に従事したいと考えるならば，スロスビーが指摘する複数の就労（アルバイトなど）をしながら生計を立てていかなくてはならない（スロスビー，2002）．この就労で得られた収入で最低限の生活水準を確保し，芸術家としての仕事を支えるのである．芸術家が合理的に考えるならば，自己の芸術的センスが必ず将来において高い芸術的価値を生み出すことを理解しているはずである．そうであるから，芸術家という厳しい職業を選択するのであり，複数の仕事をこなしながらも芸術家としての情熱を失わないのである．芸術文化という将来世代に渡る価値の観点から，これらの文化については補助や支援が行われている．芸術活動のみで生計を立てられる者が，わずかだからである．

　一方で，サブカルチャーに惹きつけられている文化経済主体が所得を確保しながら余暇として趣味についての探求を行うことは，純粋に趣味に集中することができる環境が整っているといえる．さらに，情報技術の進歩によって趣味を複数の人々と共有できるようになった．サブカルチャーにおける文化経済主体は，金銭的報酬を趣味による成果物から生み出さなくても良いため，文化（この場合はサブカルチャー）を充実させることによる効用を最大にするように意思決定をする．限定合理性を持ち合わせる経済主体では，作品を発表することによる文化への影響や，別の作者による創作の連鎖などは考えていないかもしれない．前述の作品提供の場に多くの作品が投稿され，ある作品をきっかけとして同じ種類の作品が多く投稿されることも珍しくない．このような連鎖的な反

応を筆者は共感の連鎖と呼んでいる[1]．このような創作活動の積み重ねの中で，情報空間における文化の拡充が行われているのである．そして，他者が自己の成果物に共感したとき承認欲求が満たされ，それが不特定多数の他者からの共感となると高い効用を得ることにつながるのである．サブカルチャーやオタク文化においては，この高い効用が得られる可能性を誰しもが持ち合わせているのである．

4.2　コンテンツツーリズムと行動の心理

アニメをきっかけとするコンテンツツーリズム（聖地巡礼：近年ではアニメツーリズムとも呼ばれる）が，コンテンツ消費の一形態となって久しい．特に2000年代（ゼロ年代）に入って，アニメが壮大な物語を有する作品である「セカイ系」から，現実に近い作品である「日常系」へとシフトしたことが要因の１つである．もともと，岡本によると，アニメの聖地巡礼は1992年の「美少女戦士セーラームーン」あたりまで遡ることができるという（岡本，2009）．

なぜ，コンテンツツーリズムに注目すべきなのであろうか．筆者は２つの要因を挙げる．１つ目はアニメを用いた町おこしで経済波及効果をもたらした地域が存在することである．２つ目は，アニメファンやアニメオタクによるキャラクター消費とは異なるアニメ作品の消費スタイルであるという点である．

まず１点目の経済波及効果について説明をしたい．代表例は，2007年に放映されたアニメ「らき☆すた」（埼玉県久喜市とその周辺が舞台）である[2]．アニメの聖地巡礼研究においては，何を基準に「成功」と判断するかは大きな問題となる．一番理解しやすいのは，経済波及効果である．アニメ放送にあわせて舞台となった地域でイベントやグッズを作成すると，その地域に限定グッズ目当ての旅行者が訪れ，経済活動が活発になるからである．その成果を分かりやすく金額を算出すれば，他の地域が舞台となったアニメと分かりやすく比較することが可能となる．

しかし，地域に経済的な利潤をもたらす以外に，成功と考えられる要因はないであろうか．他にもその作品の話題性やコンテンツツーリズムが行われてきた期間の長短，地域住民と旅行者の満足度などが考えられよう．しかし，経済

波及効果で見てみると先の例に挙げた「らき☆すた」は，当時2,000万円の経済波及効果があったとされるが，山村は「らき☆すた」の場合はさらに大きな経済波及効果をもたらしたと指摘する（山村，2011）．他にも米澤穂信の青春ミステリをアニメ化した2012年放送の「氷菓」（岐阜県高山市が舞台）においては，約21億円の経済波及効果であったと試算されている[3]．アニメ作品の聖地化は，地域が活性化する可能性を有している．上記に挙げた2本のアニメはどちらも京都アニメーション制作のアニメであったが，経済波及効果は「氷菓」の方が大きいといえる．放送年も異なる2つのアニメを単純に比較はできないが，一方で「氷菓」の方がコンテンツツーリズムとして成功したとも一概にはいえない．

　次に2点目のキャラクター消費とは異なるアニメ作品の消費のスタイルについてであるが，これは東が指摘するデータベース消費とは異なるものである．東は2000年代のアニメ作品において物語が希薄となり，キャラクターの魅力が重視されるようになったという．2000年代のアニメ制作においては，キャラクターやキャラクターを構成する属性と呼ばれるパーツや要素が重要となり，アニメファン（東はアニメオタクと記述）は，このキャラクターを属性に分解することで満足感を得る存在であると指摘している（東，2001）．ところがキャラクター消費という受動的な部分だけではなく，アニメファンの主体性が重要になるのがコンテンツツーリズムである．コンテンツツーリズムに注目すると，キャラクター消費を超えてアニメファンやアニメオタクの主体性が確認できるのである．

　コンテンツツーリズムにおいては，これまでさまざまな地域がアニメを用いて町おこしを実施してきた．しかし，地域自体がアニメを用いたイベントなどを企画すればよいというものでもない．折原はヒットする要因や法則性が明らかになれば，それらの要素を取り入れて生み出された作品はヒットすると主張している（折原，2009）．一方で筆者は，たとえ市場でファンたちに受け入れられている要因等が解明され，それを踏まえて商品などを企画・供給したとしてもヒットし続ける（もしくは確実にヒットする）ということは困難ではないかと考える．それは，人々を惹きつけるトレンドの要因を用いてイベントや商品を企画すれば，確実にファンに受け入れられるというものでもないからである．

山村や岡本が指摘しているように，旅行者（ツーリスト）が，コンテンツツーリズムにおける主役である（山村，2011；岡本，2012，2013）．これまでの聖地巡礼の研究では，さまざまな目的を持って旅行者がアニメの舞台へと足を運んでいることが明らかになっている（岡本，2009；山村，2011；岡本編，2019）．さらに，岡本はその目的や行動のパターン化はある程度は可能であるが，旅行者自身が自分だけの聖地での楽しみ方をしていることが重要であることを指摘する（岡本，2012）．地域側もアニメに関連するイベントや商品などを企画する必要はあるが，地域においての旅行者の楽しみ方を強制するのではなく，自由な行動の余地を与えることがコンテンツツーリズムにおける成功の鍵であるといえる．

　さて，コンテンツツーリズムにおいて，地域側もコンテンツを利用したイベントなどをある程度は実施するべきであるが，地域側が町おこしへの期待を抱きすぎるとアニメファンやアニメオタクに反感を買う可能性がある．例えばNHKで2012年3月7日に放送された「クローズアップ現代」においてアニメ聖地巡礼が特集で取り上げられたことがあった．その特集の中では，2012年放送のアニメ「輪廻のラグランジェ」（千葉県鴨川市が舞台）において作品中で舞台となった千葉県鴨川市を強調しすぎていたことに加え，鴨川市の企画担当者や地域の人々が他の地域のコンテンツツーリズムの成功例をそのまま鴨川市にも当てはめようとしたことなどが紹介されていた．加えて，インターネット掲示板でアニメオタクやアニメファンたちからこれらの取り組みに対して，厳しい意見が多く寄せられたことにも注目をしていた．

　しかし，この番組にはいくつかの疑問点もあった[5]．筆者が気になったのは，例えば冒頭の導入部分でキャスターがアニメと聞いて思いつくものとして，壮大なフィクションを例に挙げていた．これは，現実を反映したアニメを特集するにあたっての対比で述べたのだろうが，この特集が放送された2012年はすでに日常系アニメも大量に供給されていた時期であり，より適切な導入の話題があったと思われる．また，コメンテーターとのやり取りでもキャスターはロケを行うことが当たり前の映画であれば（番組内では「ローマの休日」が例に挙がっていた），そのロケ地に行ってみたいと視聴者が思うのは理解できるとしつつ，日常系アニメの視聴法の1つである「聖地がどこなのか予想しながら視聴する」という楽しみ方が番組全体を通しても理解できない様子であった．また，

コンテンツツーリズムの成功例として「らき☆すた」「たまゆら〜hitotose〜」(広島県竹原市が舞台. 2011年放送) などを取り上げたことで, アニメを積極的に町おこしに活用しようとした千葉県鴨川市の「輪廻のラグランジェ」の事例を, 経済波及効果を期待するあまり空回りしてしまった例としての印象を視聴者に与えてしまっていた. なお, コンテンツツーリズムにおいては, 岡本らが指摘するように地域側が視聴者側に何かイベントを仕掛けることは決して悪いことでないが, 仕掛ける方法の適切さや一方的に仕掛け過ぎることは反感を買ってしまうのである (岡本, 2018; 岡本編, 2019).

一方で,「輪廻のラグランジェ」については放送後時間が経っても, アニメファンたちの記憶に残るコンテンツとなっている. また, イベントなどを通じて現在に至るまで地域とファンとの交流が続いている. コンテンツツーリズムにおける何を「成否」とするかについては, 慎重に判断しなくてはならない. この問題のヒントに, ホスピタリティマネジメントが挙げられる.

筆者は, 岡本 (2011) のホスピタリティマネジメント論について批判的に検討を加えている (牧, 2012). 岡本はアニメ「らき☆すた」のケースにおいて, アニメファンには分かる細かいネタをちりばめたグッズを作成し成功したことから, ホスピタリティマネジメントの鍵としてアニメファン向けのグッズの販売を挙げている. 加えて地域の住民がアニメ作品を理解し, アニメファンを地域に歓迎することが重要であるとも指摘する (岡本, 2011).

ホスピタリティについて後の章で詳しく説明するが, ここでは概略を示しておく. ホスピタリティとは「敵ではない他者を受け入れる」という精神性を基盤にした概念である. 自己を傷つけない他者に対して, その価値観を受け止め, 他者のために行動を考えることがホスピタリティである. 確かにアニメファンが期待するグッズを制作することは, 他者の価値観を許容するという点でホスピタリティであるといえる. それが, アニメファンが期待する以上のグッズであるなら, さらに高い満足感をアニメファンたちに与えることができるであろう. しかし, それで十分なのであろうか. 筆者はアニメを通じて主体的に地域へと訪れたファンに対して, グッズを供給するだけではなく, アニメファンを集団としてではなく個人として接するべきではないかと考える. アニメファンの一人ひとりに目を向ける仕組みを作ることが,「ホスピタリティマネジメン

ト」の本質であるといえるからである．ファンではなくオタクであればさらに
こだわりが強い存在であるため，オタクを地域住民が拒絶するのではなく，彼
らのこだわりを「個」として許容できるかどうかが重要となる．

　そもそも，ホスピタリティマネジメントは可能なのであろうか．ホスピタリ
ティマネジメントとは，このような行為や行動を行えば確実に行為の受け手（消
費者である旅行者）に高い満足を与えるというホスピタリティの法則性をわれわ
れに提供するものではない．人間の多様性を考慮すれば，誰もが満足する普遍
的なパターンは存在しないことが理解できる．そのような法則性が存在すると
すれば，それはサービスの方である．それでは，「ホスピタリティマネジメント」
の使命とは何か．筆者は，アニメファンを受け入れる地域の仕組みを構築する
ことであると主張した（牧，2012）．今回の議論をもとにホスピタリティマネジ
メント論を拡張すると，まずは，ホスピタリティ提供者による気づきの力の重
要性を社会に説くことが不可欠である．

　ホスピタリティの提供者は上下関係ではなく，対等な立場からホスピタリ
ティの受け手に対して目の前の他者のための行為を提供することも大切であ
る．つまり，おもてなしという発想ではなく，他者理解の方法としてのホスピ
タリティの枠組みが重要なのである．そして，ホスピタリティは共通の価値観
を持つ者同士だけではなく，一時的に自己と異なる価値観を共有すること，つ
まり他者と行動経済学の理論である参照点を合わせることで，自己の参照点も
洗練させることにもつながる．加えて，いかに他者の潜在的要求を汲み取るか
や，他者の期待を超えたホスピタリティを提供できるかどうかも，ホスピタリ
ティにおいては欠かすことのできない要因となる．

　また，ホスピタリティの受容者にとっての「期待」とは受容者自身の能力的，
心理的欠如から生み出され，その空白を埋めてくれるものが受容者を受け入れ
てくれる他者だけではなくコンテンツの存在もありうるということは，これま
でホスピタリティ論においては議論されてこなかったものである．なぜ，ホス
ピタリティは居心地の良い空間や，長期的な人間関係，さらには高い満足感を
われわれに与えてくれるのであろうか．それは，ホスピタリティが単なる他者
理解というだけではなく，行為の受け手自身の心の隙間を埋めるからこそ，画
一的なサービスでは得られない満足感や相互関係性などを生み出すからではな

いであろうか.

　一方でホスピタリティの受け手である消費者は，場面が異なればホスピタリティの提供者にもなる．このような，支え合いの中で生み出されるホスピタリティの基礎を社会に構築することが，「ホスピタリティマネジメント」といえるのではないか．したがって，アニメコンテンツを用いた真の意味での「ホスピタリティマネジメント」とは，アニメをきっかけとして地域住民，アニメの制作者，アニメファンとが関係性を築き，互いに交流を通じて支え合う仕組みを作ることである．その結果として地域住民とアニメファン，アニメ制作に関わったすべての人々の人間的成長に貢献することである．

4.3　アーティストにおける意味の縮減

　民俗経済学の分野で中込が主張している意味の縮減は，さまざまな場面においても応用できる可能性を持っている（中込，2018）．意味の縮減とは，人々のアイディアがある特定の場において集合することで，修正と改変を繰り返し，洗練されていくことを指す（ブルーナー，2016）．中込はこのブルーナーの議論を拡張し，民俗学と経済学との融合を試みる．中込によると，地域特有の風土や環境にあった民具などは，意味の縮減の好例であるという[6)]．

　ここで文化に目を向けてみると，人々が意見を出し合うことで形成される作品の価値や解釈も意味の縮減であるといえる．さらにいえば，芸術作品を生み出すアーティストやクリエイターも意味を縮減しているといえる．スロスビーは，合理的アーティストの意思決定モデルを検討している．スロスビーはアーティストが自己の性格を考慮し作品を制作できるアーティストを2つの性格に分類して定式化した．1つ目がすぐには市場で評価されないが，歴史的に名を残しうると予想されるアーティストである．もう一方は，すぐに市場に認知され金銭的な報酬を得ることができるアーティストである（スロスビー，2002）．

　スロスビーの指摘は，芸術的価値と経済的価値という芸術作品の二面性であると解釈できる．スロスビーはさらに，一般的に経済的価値を有する作品は歴史的な価値が少ないため，アーティストにとっては生活するための金銭を獲得する手段になりうると述べている．しかし，重要なことは本来であれば長い年

月を経てその名を残すようなアーティストであったとしても，生活の苦労など
から経済的価値の含まれる作品の製作に傾倒してしまうことである．

　なぜ，このような非合理的な行動が生じるのであろうか．それは，われわれ
が自己の能力を正確に判断していないことによるものと，近視眼的な意思決定
をすることなどが挙げられよう．生活に困窮するアーティストが，目の前の利
潤獲得を優先してしまうことは十分にありうる．しかし，アーティストの制作
する作品が有する価値ではなく，作品そのものの成果物という視点では大きく
見方が異なってくる．それは，アーティストはさまざまな形で自己の内面から
湧き上がってくる考えを表現していると捉えるとき，その成果物に込められた
意味も縮減しているという事になるからである．

　筆者は，人々が意味を解釈することが次の意思決定にどのように影響するの
か明らかにするための実験を行った（後の章で本実験の詳細をまとめているが，ここ
では概略のみの記述に留める）．実験では，被験者を2つのグループに無作為に分け，
Aグループには被験者自ら選んだ画像を鑑賞してもらい，Bグループには実験
者が選んだ被験者の好みそうな画像を鑑賞してもらうというものであった．こ
の実験では，それぞれ選択した事情の異なる画像を鑑賞することで被験者が考
えた感想である，ある種の「意味」を他者に発信するかどうか（SNSなどを用い
て発信するかどうか）という点に注目した．実験の結果は，意味を発信するかど
うかについて検討する際の前頭葉におけるオキシヘモグロビン変化は，Bグ
ループ（実験者が選んだ画像を鑑賞するグループ）の方が高く，Aグループ（被験者が
選んだ画像を鑑賞するグループ）との平均値の差も統計的に有意であった（$p < 0.05$）．
オキシヘモグロビンは脳が活性化する際に増加するため，この実験では被験者
は実験者が選択した画像を鑑賞し，その意味を考える方がより前頭葉は活性化
したのである．

　また，被験者は誰が画像を選択したかにかかわらず，積極的に自身が考えた
意味を社会に発信しようとしたのである．

　アーティストと被験者は能力的に異なる存在であるが，行っている行動の本
質的意味は同じであると思われる．画像から意味を新しく考える行動と，先人
たちが築いた芸術というレガシーを踏まえた新しい価値の提示は，「意味」を
創りその意味を世に問うという共通点があるからである．この場合異なるのは，

その「意味」に芸術的価値が認められるかどうかであろう．つまり，芸術的価値や経済的価値という成果物に含まれる価値論に固執するのではなく，新しい価値を創造するというクリエイティビティに注目することが重要でないかという事である．意味の縮減に至るにはさまざまな過程を経る必要があるが，そもそも多様な意見が出されなければ縮減そのものに向かうことはない．縮減を経て残ったものに重要な意味が含まれるのであるが，多様な意見や考えがどのようにして生み出されるのか，次節でコンテンツ消費を例に検討をしたい．

4.4　コンテンツ消費におけるデータベース消費

さて，ここまでのコンテンツ消費論に関するわれわれの議論を批判する主張がある．東浩紀によるデータベース消費である（東，2001）．東は，2000年代以降のアニメ作品の質的変化に注目し，2000年代に量産されるアニメでは，物語性が希薄となりキャラクター消費に帰結することを指摘した．また，物語の代わりにキャラクターがアニメ作品の中心へと置き換わることで，キャラクターをいかにして生み出すかという点に作り手側の力点が移動する．東はそのキャラクターそのものも，どこか見覚えのあるような違和感を抱く．そして，キャラクター自体も構成するパーツ（属性）も，過去のキャラクターに存在した属性の順列組合せやコピー（あるいはほぼ差異のないもの）であることに気が付くのである．つまり，キャラクター消費が主となった現代のアニメにおいて，過去のキャラクターをパーツという属性に分解しそれをまとめた「データベース」が重要なのであって，キャラクターやそのキャラクターが生きる世界や物語そのものは相対的に重要ではなくなったのである．

一方で，消費者側もアニメ作品を視聴することよりキャラクターを属性に分解しそれを消費し，消費者自身が形成するデータベース（記憶や知識と同義）を充足することで満足感を得ると東は指摘する．これが，2000年代のコンテンツ消費のあり方であり，このような消費法を東は「データベース消費」と命名した．東は2000年代初頭のキラーコンテンツであった「デ・ジ・キャラット」を例に，データベース消費の妥当性を主張する（東，2001）．

そもそもデ・ジ・キャラットとは，アニメ関連グッズを販売しているブロッ

コリーが経営する「ゲーマーズ」のイメージキャラクターである[7]. 時代を経て
キャラクターデザインに変更がなされたが，現在でも同店舗のマスコットキャ
ラクターである．アニメ「デ・ジ・キャラット」は1999年に，TBS系列の深夜
番組「ワンダフル」内で1話10分のアニメとして放送された[8]. さらに，ゲーマー
ズの本店が秋葉原の電気街に出店した際，ビルに大きなデ・ジ・キャラットの
看板が掲げられた．森川によるとこのデ・ジ・キャラットの看板（本店の移転と
ともに撤去されている）が，現在でも色濃く残るアニメの街としての秋葉原の色
を決定づけたという（森川，2003）．森川が指摘するのは，電気街というイメー
ジからアニメ，ゲームなどのコンテンツが溢れる街への変化というものである．
その変化の一端をデ・ジ・キャラットが担ったのだという．

　しかし，東はこの「デ・ジ・キャラット」は作品自体に物語がないと指摘す
るが，物語性がないこととキャラクター消費を単純に結びつけることも少し注
意が必要である．それは，全く新しい属性を有したキャラクターが生み出され
ることの方が稀であるからである．既存のキャラクターに存在する属性を解釈
したうえで改変し，自己の創造性の中に内包することで成果物として表現する．
この作業そのものが，クリエイターが意味を創造することに他ならない．しか
し，その創造された意味およびその成果物は，一見すると違いが分かりにくい
ものかもしれない．岡田は進化した視覚論を用いてオタク文化における消費の
革新性について説明を試みたが，それはその分野における十分な知識を有した
人間でなければならない（岡田，2008）．一方で，東が「デ・ジ・キャラット」
をキャラクター消費の例として取り上げた意味も理解できる．既存の属性との
違いを理解できるかどうか，クリエイターの創造性を消費者が汲み取れるかど
うかは主観による影響も大きいからである[9].

4.5　コンテンツツーリズムとデータベース消費

　データベース消費の不十分な点は，東が提示するオタク消費論は極めて受動
的であり，受け取った情報を起点としてオタクの2次的な行動の余地が考慮さ
れていないことである．言い換えればオタクは属性分解マシーンであり，キャ
ラクターを要素ごとに分解し新しい属性に出会うこと，あるいは提示された属

性を過去のデータベース（自己の記憶）からリファレンスすることに情熱を燃や
す．そして，その「微妙な差異」に気が付くことで満足を得る存在であると捉
えられる．つまり，オタクたちがアニメを消費するのはデータベースの拡充が
主たる目的であって，その欲求のままにキャラクター消費を続けていく．これ
が2000年代（ゼロ年代）のコンテンツ消費の姿であり，東はポストモダン的消
費としてオタクの一連の消費のあり方を動物化する消費と指摘したのである
（東，2001）．

　しかし，2次創作活動や3次創作活動において重要であるのは，それぞれ
の活動において作品などの再解釈や意味の構築が作者によって行われるという
ことである．岡本はこのような数珠つなぎの創作活動の連鎖と，その成果が現
実に表出することを「n次創作」と名付け，旅行行動を研究することでその意
味を議論した（岡本，2013）．この議論は，筆者の萌えと共感における意思決定
モデルと共通する概念である（牧，2011）．この点をさらに言及すると，コン
テンツツーリズム研究などを見れば，物語性が薄くキャラクターが主であるアニ
メであっても，データベース消費とは異なる帰結となったアニメも多数ある．
創造的消費と受動的消費の分岐点となるのは，コンテンツ消費をきっかけとし
て何かを発信したいと消費者が感じるか，あるいは行動を起こすに値するトリ
ガーがあったかであろう．もしも，キャラクター消費をしたいというのであれ
ばわざわざアニメやゲーム，マンガなどの舞台に足を運ぼうという意思決定を
しなくても良い．現地でのみ手に入るキャラクターのグッズや，ARを利用し
た現実にキャラクターを投影できる仕組みなどがあれば，キャラクター消費の
一環として旅行行動をアニメオタクやファンたちが起こすかもしれない．しか
し，このような行動はコンテンツツーリズムの1つの形態であり，本質的な意
味は別のところにある．

　筆者は，作品の舞台を実際に訪れることでしか得ることができない情報がコ
ンテンツツーリズムの重要な要素であって，キャラクターの心理を追体験する
ことの意義を指摘した（牧，2013）．つまり，コンテンツそのものを消費するだ
けでは作品そのものは完成しておらず，追加的な行動をとることによってある
いはそこでの意味を構築することではじめて，「作品」として完成するという
ものである．そのためには，作品はあえて未完成の状態かあるいは消費者自身

が作品に入り込み，意味を構築できる余地を残す必要がある．これは機械的な没入感ではなく，コンテンツ消費者が作品などと積極的に関わろうとする主体性が重要となる．このような消費は，特定のコンテンツに夢中になり盲目的に消費するスタイルとは異なり，真の意味で作品やキャラクター，クリエイターなどのさまざまな要素と自己とをつなぐ，没入的消費と呼ぶべき消費の形態である．例えば，アニメの聖地を訪れて現実の情報とアニメの世界をリンクさせることで，当該アニメをより深く楽しむことができる．これは，現実で得られた情報によってアニメ作品の解像度を上げることができたと捉えられるが，このような行動の結果もまた没入的消費の1つである．

　大塚は，2000年代とそれ以前のアニメについて前者を小さな物語が台頭し，後者には大きな物語が存在するものが多かったと指摘する（大塚，2004）．大きな物語とは，不特定多数の人々の価値観に訴えかける物語のことである．しかし，価値観が多様化する現代社会においては，大きな物語は機能を果たさないという指摘もある（岡本，2013）．その大きな物語が機能不全になって台頭してきたのが，個人や少数の人々の嗜好や価値観が強く反映された「小さな物語」である．これは，大きな物語（セカイ系と呼ばれる）からゼロ年代の日常系（空気系とも呼ばれる）へと，アニメ作品の質的変化にも関連していることであり，現代における小さな物語の果たす役割や社会の変化にも注目せねばならないのである．

注
1） 牧（2011，2023）を参考にされたい．
2） コンテンツツーリズムの実例については，増淵（2010），山村（2011）で詳しく説明されている．
3） 岐阜新聞Web　2012年8月1日付（2012年9月21日確認）http://www.gifu-np.co.jp/news/kennai/20120801/201208010939_17674.shtml　および牧（2023）を参照されたい．
4） 岡本（2012）では，コンテンツツーリズムが地域へ波及するプロセスについて指摘している．岡本は，「らき☆すた」を地域全体にムーブメントが波及する拡散タイプ，「けいおん！」を特定の施設にアニメファンなどがアニメと同じ空間を再現することでコンテンツツーリズムを楽しむ，集約タイプに分類している．このフレームワークでは，地域住民とアニメファンの交流の仕方や，地域側のコンテンツの利用方法の違いなどを議論することが可能となる．

5） 例えば，番組で取り上げられた「たまゆら～hitotose~」における制作方針と，作業効率を上げるために現実の背景を採用し，ファンから高い評価を得た「true tears」（2008年放送）と「花咲くいろは」（2011年放送）の制作方針（この2作品の制作会社はP.A.WORKSで同一）は同じなのであろうか．ちなみに，この部分はインターネットの匿名掲示板でも議論となった．放送内容に加えてキャスターの装飾品から生じるノイズや制作スタッフから発せられたノイズも確認でき，番組制作のあり方を考えさせられる放送でもあった．

6） 中込（2018）を参照されたい．

7） デ・ジ・キャラットは，一時期キャラクターデザインも担当声優も異なる2代目と呼ぶべき存在が登場したが，初代のデ・ジ・キャラット（アニメ化されたときの設定）とは別人という設定になっていた．その後，もとのデ・ジ・キャラットのデザインへと戻されている．ただし，デ・ジ・キャラットの役割そのものに変更はなく，ゲーマーズの広告塔としての役割を担っている．なお，2022年に「令和のデ・ジ・キャラット」として再アニメ化されたときは，初代のデ・ジ・キャラットのキャラクターデザインが踏襲され（ただしキャラクターデザイナーは変更された），1999年のアニメ化の時と同じ声優が引き続きキャスティングされた．

　また，オープニングテーマも奥井雅美と矢吹俊郎のコンビが1999年のワンダフル版のアニメ版，2000年および2001年のスペシャルアニメ版に引き続き担当をした．奥井雅美と矢吹俊郎のコンビは1990年代半ばから2001年までスターチャイルドレコード（キングレコードの1レーベルで，アニメ専門のレーベルとして歴史があったが，キングレコードの事業統合によってキングアミューズメントクリエイティブに統合される形で2016年に消滅）のアニメソングシンガーとプロデューサーとして活躍していた．2001年にシングル「shuffle」を発売後，奥井が矢吹の音楽事務所を楽曲制作のあり方や音楽性の違いなどが原因で退所したことに伴い，プロデュースを終了する（奥井，2004）．その後矢吹は声優の水樹奈々をプロデュースすることになる．水樹は大規模なライブも次々に成功させてスターの道を着実に歩んでいき，声優アーティストとしての絶対的な評価を得ていくことになる（水樹，2011）．

　奥井もキングレコードを離れてセルフプロデュースの道を歩むが，その過程で不定期ではあるものの矢吹に楽曲を提供してもらうことも，矢吹がプロデュースしている水樹の楽曲に奥井がコーラスで協力することなども見られた．そのため，2022年に「デ・ジ・キャラット」が再アニメ化されたときにオープニングテーマが奥井雅美と矢吹俊郎のコンビが担当したことは，2001年以降の2人の関係性を知っているファンからすれば相当なサプライズであったに違いない．なお，現在では矢吹が運営するYouTubeチャンネルに奥井がゲストで出演するような関係性となっている．

8） 「ワンダフル」では，定期的にショートアニメを放送していた．「デ・ジ・キャラット」は「ワンダフル」内で放送されたアニメで最後の作品となった．

9） 東もアニメ作品に関わったことがある．2011年に放送された「フラクタル」である．東の著作を踏まえてこのアニメを視聴すると，ストーリー重視のアニメを制作したかっ

たという意図も汲み取れる．しかし，放送当時は唐突なストーリーの展開などで厳しい批判が視聴者から挙がっていた．話自体は，SFと現実を融合しつつ，基礎所得システムを有した情報管理社会が舞台であり，社会における問題提起も含んだ作品であった．監督に元京都アニメーション所属の山本寛，脚本にヒットメーカーである岡田磨里を起用し盤石の制作体制であったが，ファンからは厳しい評価がなされたアニメとなった．

参考文献

東浩紀（2001）『オタクから見た日本社会──動物化するポストモダン──』講談社〔講談社現代新書〕．

井手口彰典（2012）『同人音楽とその周辺』青弓社．

大塚英志（2004）『「おたく」の精神史──一九八〇年代論──』講談社．

岡田斗司夫（2008）『オタク学入門』新潮社〔新潮文庫〕．

岡本健（2011）「コンテンツツーリズムにおけるホスピタリティマネジメント──土師祭『らき☆すた神輿』を事例として──」『HOSPITALITY』（18）165-174.

岡本健（2012）「コンテンツツーリズムにおける地域からの情報発信とその流通──

『らき☆すた』聖地「鷲宮」と『けいおん！』聖地「豊郷」の比較から──」『観光・余暇関係諸学会共同大会学術論文集』（3）37-44.

岡本健（2013）『n次創作観光──アニメ聖地巡礼／コンテンツツーリズム／観光社会学──』北海道冒険芸術出版．

岡本健（2018）『巡礼ビジネス──ポップカルチャーが観光資源になる時代──』KADOKAWA.

岡本健編（2019）『コンテンツツーリズム研究〔増補改訂版〕──アニメ・マンガ・ゲームと観光・文化・社会──』福村出版．

奥井雅美（2004）『雅─MIYABI』音楽専科社．

スロスビー，D. 著，中谷武雄・後藤和子監訳（2002）『文化経済学入門──創造性の探求から都市再生まで──』日本経済新聞社．

野村総合研究所オタク市場予測チーム（2005）『オタク市場の研究』東洋経済新報社．

中込正樹（2018）『意味と人間知性の民俗認知経済学──「トランス・サイエンス時代」への教訓を求めて──』知泉書館．

ブルーナー，J. 著，岡本夏木・仲渡一美・吉村啓子訳（2016）『意味の復権──フォークサイコロジーに向けて──』ミネルヴァ書房．

牧和生（2011）「共感をきっかけとする文化創造──アニメオタクの認知を中心に──」『青山社会科学紀要』40(1) 109-122.

牧和生（2012）「新たな経済学の構築に関する展望」『青山社会科学紀要』40(2) 191-216.

牧和生（2013）「文化概念の拡張とサブカルチャーおよびCGM における文化経済主体の創造性に関する研究」『青山社会科学紀要』41(2) 21-44.

牧和生（2014）「サブカルチャーにおけるダイナミズムとホスピタリティ」青山学院大学（博士論文） 1 -264.

牧和生（2016）「光トポグラフィーを用いた脳科学的研究の文化経済学への応用——ホスピタリティに着目して——」『文化経済学』13(1) 25-35.

牧和生（2019a）「コンテンツツーリズムへの批判と展望」『国際・経済論集』(3) 99-120.

牧和生（2019b）「文化における『意味』の役割」『文化経済学』16(2) 4 - 9 .

牧和生（2020）「コンテンツ文化におけるホスピタリティの重要性——経済学とコンテンツ文化（コンテンツ文化史）の邂逅——」『国際・経済論集』(5) 121-140.

牧和生（2023）『オタクと推しの経済学』カンゼン.

水樹奈々（2011）『深愛』幻冬舎.

森川嘉一郎（2003）『趣都の誕生——萌える都市アキハバラ——〔増補版〕』幻冬舎.

吉本たいまつ（2009）『おたくの起源』NTT出版.

5章

女性オタクと熱狂的消費の心理的要素

5.1　行き過ぎた消費
──アイデンティティと同担拒否のメカニズム──

オタクといえば，われわれがイメージするのは男性であるかもしれない[1]．いや，男性であったかもしれないと記述した方が適切であろう．近年女性のオタクの行動も注目され，研究がなされるようになった．また，学術的に「腐女子」に関する研究も発表されるようになり，オタク研究はその対象をさらに拡大している．本章は，オタクの中でも特に女性のオタク（オタク女子とも呼ばれる）同士において発生することがある排他的行動の経済学的分析を行い，そのインプリケーションを他の学問領域における研究成果と総合することで，オタク文化研究の深化を目指すこととしたい．

5.2　オタク研究の流れと経済モデルの設定

かつて「おたく」と表記されていた存在が，「オタク」とカタカナ表記になり現在では「ヲタク」（学術的にはあまり使用されない）や「○○オタ」などと呼ばれるようになった．中森明夫が1983年に『漫画ブリッコ』誌においてコラム連載した「おたくの研究」の中で，現代とほぼ同義で「おたく」という名称が付けられた．中森がコミックマーケット（同人誌即売会）で目にした光景とそこで彼が感じた違和感は，ファンやマニアという分類では不十分であり，何か彼らを表現するピンポイントな呼び方はないものかということであった．中森は，彼らが「御宅は……」と同人誌を並べている参加者に対して声を掛けていることに注目し，彼らを「おたく」と命名したのである．その後の連載で，中

59

森はおたくのプロファイリングを行い面白可笑しく彼らを紹介する．この中森の指摘するおたく像は，いわばステレオタイプのおたくであり，現在でも当てはまる部分が多い．その点においては，中森の指摘は時間を経ても成立するいわば「おたくの本質」を見抜いていたといえようが，その過激な文章から『漫画ブリッコ』編集長である大塚英志から批判を受けることになる．しかし，中森の先見性はそこだけではない．おたくの定義に「男性」という性別の限定を設けていないのである．つまり，女性のおたくも昔から存在していたということである（詳細は牧，2011，2014を参照されたい）．

　この「おたく」と「オタク」の違いは，岡田によれば趣味充実度や情報ネットワークの整備による時代の変化の差が大きい．これは，おたくと命名される以前や命名された1980年代前半は，趣味そのものが現代と比較にならないほど整備されていなかったためである（岡田，2008：文庫版（新潮文庫）は2008年出版だが，初版は太田出版から1996年に刊行されている）．また現代はSNSなどを用いて気軽に誰とでもつながることが可能であるが，当時のおたくたちは雑誌などの巻末にあった情報交換コーナーで欲しいものを探し，交換相手や共通の趣味を持つ仲間を探していたという．吉本は，SFや「機動戦士ガンダム」などのファンが1980年代になると積極的に全国各地でファンの集いを開催していたと述べている（吉本，2009）．これは，現代においてインターネットを通じて出会った人々が現実で落ち合う「オフ会」と同じ様相であるが，現在と過去とではイベントなどの開催の苦労は比較にならないであろう．そのような困難を超えて，「趣味を創る」おたくと趣味が整備された上で自由に楽しむことができる現代のオタクとは性格が異なる．おたくとオタクは異なるものだという議論は，このような背景の違いから生じたものである．

　しかし，1988年から1989年にかけて発生した東京・埼玉連続幼女誘拐殺人事件（通称，宮崎勤事件）におけるマスコミの取り上げ方は，榎本らなどの研究に詳しいが，犯人の宮崎勤がコミックマーケットに参加していたおたくであったということが強調され，おたくに対する社会の印象が悪化してしまったというのである（榎本編，2009; 吉本，2009）．しかし，この流れを受けて岡田はオタク（議論の内容から判断すると，カタカナ表記が適切だと思われる）に対して，ある議論をもって擁護しようとするのである．それが「進化した視覚論」である．進

化した視覚は，オタクが情報処理能力に長けていて作品などの細かい部分まで読み取ることができる，違いを見抜ける能力であるというものである（岡田，2008）.

　一方で，東が主張するデータベース消費論は岡田の議論と対極を成すものである．東のデータベース消費論は，現代（特にゼロ年代と区分される2000年代）というアニメコンテンツが大量に制作されるようになった状況においては，アニメという虚構世界ならではの「物語」は必要なく，ただ「キャラクター」が存在していれば成立しうるという現代のアニメに対する痛烈な批判であった（東，2001）．東はこのキャラクターを消費するオタクは，キャラクターを構成する要素（属性）に分解し，その分解した属性を自己の記憶に書き込むと指摘した．この記憶は自己のデータベースとなり，オタクたちは各自のデータベースを拡充させることで満足感を得る存在だというのである．この極端なオタク的消費を東は「動物化」と表現し，このような消費スタイルを「ポストモダン的消費」であるとしている.

　これらの議論から分かるように，岡田と東の主張は大きく異なる．この点について筆者は，岡田はオタクの存在を「能動的存在」と捉えているのに対して，東はオタクを「受動的存在」と捉えていると解釈している（牧，2011）．それは，データベース消費においてはオタクたちがキャラクターを属性に分解することが重要であって，自己のデータベースからのアウトプットについては議論されていないからである．中には自ら新しい属性を生み出し，新しいキャラクターを創作するようなオタクもいるであろうが，大多数は一方的に供給されるコンテンツを消費するだけであり，その消費方法も非常に極端である．おたく，オタクをめぐる代表的な議論について，細かい部分除き重要なものを取り上げるとすれば，上述のとおりである（牧，2011，2014）.

　一方で，オタクについての議論が深まる過程で，女性とオタクについての議論が登場してくる．杉浦は女性と「隠れオタク」という視点から議論をしている（杉浦，2008）．筆者がかつて担当していた大学の講義科目においても，近年ではオタク文化やサブカルチャーが一般的に認知されてきているとはいえ，受講生同士でディスカッションする際，自分自身がオタクであることのカミングアウトやオタク的な趣味に没頭していることを他者には知られたくないと思う

5章　女性オタクと熱狂的消費の心理的要素　　*61*

学生もいた．特に女性はグループへの帰属意識が強い傾向があり，マイナーな趣味や嗜好を仲間以外（ここでいう仲間は友人とは限らない）に知られることは，日常的に所属するコミュニティから排除されてしまう要因になりうる．しかし，それでも趣味を堪能したいという欲求は抑えられないので，グループには属しつつ他者には趣味がばれないようにしながら，趣味にいそしむといったことになる．そういった人々を隠れオタクと呼ぶ．杉浦によれば女性の大半は他人に言えないようなこだわりや趣味を持つ「隠れオタク」であるという（杉浦，2008）．これは，梅本の指摘するオタク女子と同じ議論であるが，梅本はオタク女子（女性のオタクのことを指す）の行動に関する特徴を指摘するのみに留まっており，議論の一部では経済モデルを使って説明を試みているが，その経済学的含意の深い部分まで到達できていないという印象を受ける（梅本，2018）．

　一方で，杉浦における重要な指摘は「女性のオタク」を「腐女子」と定義していることである（杉浦，2008）[2]．この点については，批判もあるであろう．女性向けコンテンツを消費している女性のオタクと，男性同士の恋愛を嗜好する腐女子とを一括りにするのは，不用心であるかもしれない．しかし，本章ではあえて女性のオタクと腐女子とを区別することなく，女性のオタクという名称を用いる．これは，本来の意味の腐女子も女性のオタクも「サブカルチャー」を嗜好する人たちというカテゴライズが可能だからである．

　腐女子についてさらに言及しておくと，山岡は腐女子という存在について従来の社会学的研究におけるマイノリティ論を越えて，アンケート調査による実証を通じて腐女子の心理そのものに迫るという非常に刺激的な研究を行っている．腐女子という一般的価値観からみてマイノリティである嗜好性は，これまで社会学の研究においていくつかの研究例が報告されてきた．山岡はこの問題について，パーソナリティ心理学とアンケート調査に基づく統計的手法を駆使して議論を深めている（山岡，2016; 山岡編，2020）．

　さらに，梅本はアカロフらのアイデンティティ・モデルを女性のオタクの消費行動や心理を踏まえたものに応用しようと試みている（梅本，2018）．その試みは評価できるが，前述のとおりその議論はオタク女子の行動の本質的部分には迫り切れていないといえる．本節では少なからずこの点について検討を加え，女性のオタクの行動の経済学的意味を探ることにしたい．

本章は，一部の女性のオタクにおける見られる諸行動に関して，いたずらに男性のオタクの心理や行動と比較することを目的とはしていない．女性のオタクもオタク文化における担い手であり，彼女たちの行動もオタク文化やサブカルチャーを支えている．本章は，これまで男性のオタクが研究対象という文脈でなされてきたオタク研究において，女性のオタクに関する先行研究による知見をベースにしつつ，オタク文化およびサブカルチャーにおける多様な価値観の共存と共栄のあり方を検討することを目的としている．

　そこで本章では，他者の価値観を阻害しうる行動として，「無限回収」や「同担拒否」などと呼ばれる行動に注目する．ただし誤解されたくないのは，これらの行動は一部の女性のオタクだけではなく一部の男性のオタクにも見られるということである．一方で，山岡編（2020）でのアイドルファンへのアンケート調査で指摘されるように，SNSでは女性のオタクによる無限回収等の行為が度々取り上げられ，女性のオタクの世間的なイメージを悪くしてきたという側面もある．オタク市場において，他者と対立してしまう彼女たちの行動の本質を理解することは，これからの時代のオタク文化やサブカルチャーを論じる上で，重要な示唆を与えてくれるものと期待する．

　従来，経済学は個人主義的な研究が一般的であり，他者との相互関係性の議論についてはスティーブンらがまとめているように，ごく限られたものであった．特に，人間同士の相互関係のもとでの経済的意思決定を分析するにあたっては，コンピュータとの比較が多くなされてきた（Steven & Lawrence, 2009）．本書2章で紹介したブロントの議論を思い出してほしい．ブロントは最後通牒ゲームのようなお互いが利得を分け合う関係に置かれているとき，利得の提案権を持つプレーヤーは自分に有利なように（相手からすると理不尽な）提案を決定することが合理的であるが，この提案者が「誰であるか」が重要であると指摘する（Blount, 1995）．最後通牒ゲームは，提案を受けたプレーヤーが提案に納得しなければお互いに利得は実現しない．もしも10万円を2人で分け与える場合，合理的なプレーヤーならば，自分に9万9999円，相手に1円を与えればゲームは成立することになる．相手の利得が極めて少ないが，全額相手の持ち分になる0円と少しでも分配がある1円とを比較して，1円の方が極めて少ないが効用を獲得できるからである．しかし，この無慈悲な提案を実際に人

間が行うと，多くの場合その提示金額に納得ができず，お互いの利得が実現しないことが多数の研究で報告されている．

しかし，ブロントは実際の人間ではなくゲームの相手がコンピュータであれば，提案された金額がたとえ自分にとって不利であっても被験者は受け入れるのだと主張した（Blount, 1995）．なぜ多くのプレーヤーが人間同士の提案と人間とコンピュータとの提案では態度を変えたのか，という部分がブロントの議論の本質的意義であるからである．その本質とは，われわれの公平感についてである．

次の議論も本書2章で紹介した内容となるが，本章における重要なインプリケーションを含んでいるため，その概略を確認しておきたい．フェールらは，われわれの公平感について効用関数を用いて議論をしていた（Fehr & Schmidt, 1999）．この効用関数は，関数内に不平等さを回避する変数が特徴であった．0〜1の間でわれわれは不平等さをどの程度避けるかという選好を形成しているとして，多くの人々が他者と比較して自己が優位な状況になったとき，自己の優越感を他者に悟られないようになるべく目立たないようにするというものである（Fehr & Schmidt, 1999; 牧, 2012）．さらに，他者と同じ状況になることを人々は好むので，優越感を得る行為そのものを嫌うとフェールらはモデル化している．これは，非常に興味深い指摘である．

効用関数に他者の行動を取り入れたものとしては，アカロフらの効用関数が有名である．アカロフらは，効用関数に単なる財やサービスの消費で得られる効用のみならず，相手の行動と自己のアイデンティティという3つの変数を効用関数に取り入れている（Akerlof & Kranton, 2000）．

$$U_j = U_j\left(a_j, a_{-j}, I_j\right) \qquad (1)$$

a_jは自己の行動，a_{-j}は相手の行動が自己の効用に与える影響，I_jは自己のアイデンティティから得られる効用を指す．

変数I_jは次の（2）式で定義されている．

$$I_j = I_j\left(a_j, a_{-j}, I_j, c_j, \varepsilon_j, P\right) \qquad (2)$$

新たに登場した変数であるc_jは自己が所属する社会から得られる効用である．社会の一員としてその地域に属することで得られる効用と捉えればよい．ε_jは社会cで期待される社会的自己観と自身の自己観との一致度を示す．Pは特定のコミュニティ間という枠組みではなく，社会全体における規律やルールを遵守することで得られる効用である．ここで注目しなくてはならないのは，アカロフのモデルでは2つの実現すべき規範やルールが明示されていることである．つまり，変数c_jおよびPである．この2つの変数は，$c_j = P$となることが望ましいと思われる．所属する集団における規範が社会全体に拡大している状態，あるいは遵守すべきルールとして社会に周知されているからである．しかし，ローカルルールなどの地域の文化や慣習もあるため，厳密にはイコールにならないこともあるが，余程のことが無い限り大きく乖離はしないとしよう．本章では，このアカロフたちのモデルを女性のオタクの行動に当てはめることにする．また，女性のオタクの消費に関する行動は男性オタク同様に多岐にわたるため，特徴的な行動を中心に議論を展開することにする．

5.3　女性のオタクにおけるさまざまな消費行動の経済学的意義

野村総合研究所は大規模なオタクに関するアンケートによって，さまざまなカテゴリーに対して共通する心理的欲求を明らかにしていた．その欲求の中で注目するのは，創作欲求，帰属欲求，共感欲求である（野村総合研究所，2005）．創作欲求は，新たなモノを創り出したいという創造性に基づく欲求である．帰属欲求は，趣味などの共通の話題を持つグループに属したいと願う欲求である．共感欲求は，他者に自己の考えを共感してもらいたいという欲求である．この点を踏まえると，オタクの心理として全く新しいモノを創り出すということではなくても，消費の対象に何かしらの新しい価値を見出し，その価値を共有する仲間を探し，価値観を共有する集団に属することで満足を共感という形で得ていると解釈ができる．

5.4 無限回収と独占欲の心理

共通の価値観に基づく集団の形成は，岡本などの研究で議論される島宇宙論に似ている．岡本は人々が抱くこだわりは，メジャーなものではなくマイナーなものが現代社会においては主流になった．そのマイナーな価値観をもとに集団が形成され，そのこだわりは強固なものであるため他の集団とは排他的な関係になるのだという（岡本, 2013）．この指摘は，オタク文化内で良く見られる現象である．もちろん，集団同士のいがみ合いはオタク文化のみに留まらないであろう．

また，原田は女性のオタクの「無限回収」という消費行動について，非常に興味深い指摘をしている．無限回収とは，同じキャラクターの同じ商品をひたすら購入するという消費行動である（原田, 2015）[3]．女性オタクたちは各々が収集したグッズをきれいに整列させて，写真をSNSなどに投稿するというような文化がある．こうしたことを踏まえて考えてみると，無限回収という行為はその消費の対象に夢中である期間であれば，限界効用逓減の法則が成り立ちにくいといえる．また，彼女たちが集団に属しているかどうかという点も疑問が残る．例えば，あるアニメのファンがいたとしよう．たくさんのキャラクターが登場し，その中からお気に入りのキャラクターを見つけ，グッズなどの消費を続ける．キャラクターの数に加え，そのこだわりの数だけ島宇宙が形成されるが，すべての人々が集団に属したいと考えるわけではない．個人主義的に趣味を楽しむこともありうるからである．しかし，見方を変えればその個人主義的なオタクもそのアニメが好きという集団に属していると捉えることも可能である．そう解釈すると，無限回収が生じる心理が理解しやすい．

$$U_i\left(x_i, x_j\right) = \begin{cases} x_i - \alpha_i\left(x_j - x_i\right) \ if \ x_i < x_j \\ x_i - \beta_i\left(x_i - x_j\right) \ if \ x_i \geq x_j \end{cases} \quad （3）$$

（3）式は，前述のフェールらの効用関数である（Fehr & Schmidt, 1999）．このモデルはカーペンターの指摘のとおり，結果だけを見てモデル化したという

帰結主義アプローチの批判もできうる（Carpenter, 2009）．一方で，この効用関数は非常に現実的な要素をモデルに加えていると捉えることができる．このモデルも本書 2 章にて説明しているが，本章の議論を明確にするために再確認しておきたい．

　この効用関数における i と j はそれぞれ異なる個人を表わし，パラメータ α_i はプレーヤー i の不平等さ（劣等感）を避ける程度，β_i はプレーヤー i の優越感を避ける程度を表わし，$\alpha_i > \beta_i$ を想定していた．これは現実の人間が他者と比較して自己の不平等な状態を避ける心理をモデル化しているからである．この点は，カーネマンとトベルスキーによるプロスペクト理論における人間はゲインよりもロスを嫌うという指摘と整合する（友野，2006; 中込，2008）．

　この効用モデルは x_i が基準であり，$x_i < x_j$ という x_j が x_i よりも効用が高くなる状態であるとき，x_i の効用は極端に小さくなるか，あるいはマイナスになる可能性もある．一方で $x_i \geq x_j$ のとき，x_i は x_j と同じ効用か，あるいは x_i が x_j よりも効用が高くなることを示している．この効用関数において係数 α の取りうる値は，係数 β よりも大きくなりうるので，（3）の上方の式をわれわれは避けたいと思うはずである．不平等感や他者との劣等感に対して敏感に反応する性格の場合は，この傾向が強く現れるはずである．

　さて，無限回収という現象を理解するためのツールがある程度整備されたので，ここから議論を展開することにしたい．無限回収というのは野村総合研究所が指摘したオタクの収集欲と似ている（野村総合研究所，2005）．一見すると，無限回収は収集欲が色濃く出た行動様式であると思われるが，われわれのイメージする収集欲とは「全 n 種類」という財に対して「すべての種類をコンプリートしたい」と思い，その目標のもとで財を購入するというものではないだろうか．しかし，この無限回収とは「同じ財をできる限り多く購入する」というものである．購入される財は基本的に「同じキャラクターの同一の財」であり，大量に購入される商品の種類は人それぞれである．重要であるのは，「同じキャラクター」の財であることである．

　同じキャラクターの同一商品を大量に購入するという場合は，いくつかの効用に関する理論と整合しない．効用は，同一の財の消費量が増加するにつれて，1 単位消費することに限界効用は小さくなるが，無限回収の場合はこれが成立

しにくい．さらに，同一の財を消費することによって選好が変化しないため不飽和の原則は成立するが，1財を過剰に消費している場合は，複数の財を組み合わせて消費するという無差別曲線が導出できない．無差別曲線は，2財における「効用が同等」の財の組合せを図示するが，中込が指摘する1財の極端な消費行動の場合は効用が他の財との代替関係にならないからである（中込, 1994）．

これまで野村総合研究所などで指摘されてきたコレクター心理という点と，無限回収は本質的な意味が異なるといえる（野村総合研究所, 2005; 河合編, 2006; 森永, 2006）．コレクターであれば，ある程度自己の欲する財を手に入れることで追加的な消費を終了するが，無限回収の場合は手に入りうる財をすべて手に入れようとするためである．

しかし，どのような財であっても同じ財を複数消費するのでは，効用そのものは逓減しているはずである．たとえば，無限回収における最初の財の購入と5個目の購入とでは，購入できたことによる安心感や感動は，最初の購入時の方が高いであろう．限界効用逓減の法則では説明しにくい無限回収を行う女性のオタクたちには，何か特別な心理的要因があるはずである．それはいったい何なのであろうか．次節で議論する「同担拒否」と合わせると，これらの行動を理解しやすい．

5.5　同担拒否の心理的メカニズム

近年，「推し」という呼称が，サブカルチャーやオタク文化などにおいて日常的に用いられるようになった．複数のキャラクターが登場するアニメなどでは，「キャラクターの名前＋推し」という形で，それぞれのファンが好きなキャラクターに対する愛情を表現している．この行動は，多数のメンバーを擁するアイドルグループでも同様の傾向がみられる（本章では，キャラクター消費を中心に議論することにする）．このような熱狂的なファンがいる作品やアイドルグループなどにおいては，SNS上で少なからずトラブルが生じうる．それが「同担拒否」と呼ばれる現象である[4]．

同担拒否は，インターネットネットを通じて，あるいは現実社会において同

じ推しのファンに排他的な行動や態度を取るというものである．よく見られるのは，SNSにおいてあるキャラクターやアイドル等を好むことを公言すると，その発言を見た別のファンから無差別的に批判的なコメントなどをされるというものである．これらの排他的行動は，「同じキャラクターが好きな他者（特定のキャラクターを好むことを担当という）を拒否・拒絶する」ということで「同担拒否」（性格は同族嫌悪にも似ている）と呼ばれている．特に近年では匿名のSNSにおいて，このようなトラブルが散見されている．さらにネット上だけではなく，多くのファンが集まるイベントなどでも同様のトラブルが発生しているという．同担拒否は，もともと男性アイドルファンの女性のオタクによる行動としてSNSで散見され，この行動はアニメなどのコンテンツを消費する女性のオタクにも見られるようになっている．本章では他者への排他的な行動だけではなく，排他的行動は取らないものの自己が好むキャラクターを好きである他者の存在を好ましく思わない心理も，同担拒否に含めることにする．

　まず前述の岡本における島宇宙論であるが，同担拒否が生じる場合は島宇宙が成立し得ない．その理由は，島宇宙同士の排他性ではなく，島宇宙内におけるコミュニティの成立という点である．岡本が文化的創造の最小単位として捉えているのは，島宇宙である．島宇宙は無数に存在し，島宇宙同士は排他的な関係になっている（岡本，2013）．島宇宙を構成する要因は，人々が紡ぐ「小さな物語」でありこの小さな物語は人々のこだわりと言い換えても良い．見方を変えれば，小さな物語はマイナーな価値観に共感した人々によって成立しているといえる．しかし，自己の価値観が絶対的なものであり，他者の価値観に共感しないだけではなく，他者と自己の価値観が共通であるにもかかわらず，その価値観を排他的な態度で拒絶するというのであれば，コミュニティは成立しない．この場合，同担拒否をする心理について深く検討する必要がある．

　この点について，アカロフらのアイデンティティ効用関数モデルが応用できそうである（Akerlof & Kranton, 2000）．ただし，変数に関しては再考の必要がある．前述の（１）式はそのまま用いることができるが,（２）式におけるアイデンティティの変数を議論する必要があるからである．

$$I_j = I_j\left(a_j, a_{-j}, I_j; c_j, \varepsilon_j, P\right) \tag{２}$$

これが前述の（２）式である．a_j, a_{-j}は（１）式含まれるので，これ以降は省略することにする．

$$I_j = I_j\left(I_j, c_j, \varepsilon_j, P\right) \qquad\qquad （４）$$

　本章の構成上（４）式となるが，この点において自己の効用に影響を与えるアイデンティティの要因は，自己観：I_j，コミュニティに属することで得られる効用：c_j，社会と自己の行動の一致：ε_j，社会的規範を遵守することで得られる効用：Pということになる．しかし，同担拒否は排他的行動を取るという点からコミュニティに所属することができず，社会的に認められないアンフェアな行動をしているという点で社会の規範を逸脱している．そうすると，変数のc_j，ε_j，およびPは現実的な意味をなさず，０か限りなく０に近い値を取る．したがって，われわれは同担拒否が自己のアイデンティティに根付き，さらに正の効用となるようなモデルを作らなくてはならない．

　そこで考えられるのは，同担拒否と前節の無限回収は共通の事項が見られるということである．それは，「行き過ぎた独占欲」である．原田は，無限回収の心理はキャラクターへの愛情表現と可視化であると述べている（原田, 2015）．筆者は，アニメオタク（アニメファン）において多様な消費をしている場合は, 2.5次元の世界を構築していると主張した（牧, 2011）．この2.5次元とは，現在コンテンツ消費の一形態である「2.5次元ミュージカル」に代表される，虚構を起点とするコンテンツが現実で表出するという意味だけではない．アニメなどのコンテンツを通じて，人々はキャラクターやクリエイターに対してさまざまな深読みや解釈（意図などを推測）をする，そのときにバーチャルな関係性が構築され，創造性の起点になっているというものである．

　筆者が2.5次元という用語に注目したのは，バーチャルな関係性が現実で成立することがあるからである．これが，岡本らが研究しているコンテンツツーリズムにおける地域の人々とファン，キャラクターとの結びつきである（岡本, 2013; 牧, 2011, 2013）．しかし，このキャラクターに対する愛情というのはアニメファンやアニメオタクの主観によるものであり，作品の深読みやクリエイターの意図を読み取ろうとしてもその想像（創造）に対する正確な答えは得ら

れにくい．その点において，無限回収は「愛情」をアニメやキャラクターなど
の財の購入にかかった費用として計算できるだけでなく，手元には財という形
で購入した商品が残る．この財を他者に見えるように並べたり，カバンに付け
たりすることで，それぞれのコンテンツに対する熱中度を他者へ分かりやすく
アピールできる．[5] しかし，同様の愛情表現をする人々はアニメ作品や文化を盛
り上げている同士であり，本来であればお互いの効用を高め合う仲であるはず
である．つまり，（2）式におけるa_jとa_{-j}が互いに正の値になっているはずで
あり，意気投合することで（1）式における自己の効用も高まる．しかし，こ
の場合（4）式のアイデンティティの議論を修正し，現実的なモデルへ書き換
える必要がある．

$$I_j = I_j \{I_j \ A_{jo}, A_{jo}, -2 \ (B_{jo}, B_{Io})\} \qquad (5)$$

そこで（5）式を見られたい．（5）式は前述アカロフらのアイデンティティ・
モデルの変数を修正したものである．AとBはそれぞれの経済主体を表してい
る．I_jおよびA_jはAの自己の行動がアイデンティティの維持と発展に関わるも
のである．I_jの大きさを決定する変数A_{jo}はAの他者からの評価である．B_{jo}はB
の他者からの評価，B_{Io}はBのアイデンティティである．この他者Bの変数はす
べてI_jに影響を与えるとする．そして，Bのアイデンティティに関わる要因に
はマイナスの係数がそれぞれ掛かっている．（5）式を展開すると（6）式に
なる．

$$I_j = I_j \ (I_j \ A_j, \ A_{jo}, \ -2B_{jo}, \ -2B_{Io}) \qquad (6)$$

次に（1）式に（5）式を代入することで，（1）′式が得られる．

$$U_j = U_j \{a_j, \ a_{-j}, \ I_j \ A_j, \ A_{jo}, \ -2 \ (B_{jo}, B_{Io}) \} \qquad (1)′$$

さて，筆者による（6）式および（1）式で示されるアイデンティティと
効用に関するモデルは何を意味しているのであろうか．フェールらの主張した

モデルでは人々が他者と自己を比較したときに，自己が優勢な立場であるときは優越感を避ける行動を取るということをモデル化していた（Fehr & Schmidt, 1999）．しかし，本節の女性のオタクの消費行動に関するアイデンティティ効用モデルは，フェールらのモデルとは大きく異なる点がある．それは，自己への他者からの評価以上に同様のコンテンツが好きな他者の存在と，他者が受けている評価に対して過剰に反応してしまうというものである．言い換えれば，それは他者への「嫉妬」と同義である．

　本モデルでは，－2と設定した他者への攻撃的な態度の源泉となる嫉妬深さとして解釈される係数は，嫉妬深い性格の人ほど大きな値を取りうる．その際，この状況に置かれたアニメファンが取りうる行動は，他者に負けないように消費を続け無限回収のルートへ進むか，他者の存在そのものを消し去るような行動を取ることである．しかし，現実的には同じコンテンツを好む他者を消し去ることは法に触れるため，SNSでのコメントなどで嫌がらせをしてファンを辞めてもらうように仕向けるという行動を取る．そして，当該コンテンツの特定のキャラクターにおいて，自己とその愛情が一番であり続けようとするのである．

　このような心理が生じる要因はさまざまである．まず，彼女たちが他者と協調関係を構築するようなコミュニティに属していないことである．アカロフらの議論では人々はコミュニティに属していることが前提となっていた（Akerlof & Kranton, 2000, 2005, 2010; 山形・守岡訳, 2011）．しかし，これは社会で生活を営むためのコミュニティであり，共通の趣味を楽しむ集団という意味ではなかった．趣味を共にする人々と集団を構築するのが，岡本の指摘する島宇宙であった（岡本, 2013）．しかし，（6）および（1）´式では経済主体はコミュニティに属してはいないため，他者との協調関係を築く集団の存在がないことになる．そうなると，木を見て森を見ずということわざどおりとなる．世の中には多様な価値観に基づく文化の愉しみ方があり，キャラクターへの愛情は「小さな物語」で個人ごとに質的価値として紡げるはずである．しかしそのような質的価値だけではなく消費量や消費金額の多さという量的価値で優劣を判断し，同じキャラクターが好きな他者を無差別的に排除しようとする心理が働くのは，自己のアイデンティティを精神的に支えるキャラクターなどのコンテンツの存在

があまりにも強く，そしてコンテンツの存在があまりにも脆いからであるといえる．

　自己のモチベーションを高め，互いに技術などを高め合う要因として適度な嫉妬心や競争心は欠如してはならない．しかし，市場での安定的な成長には適度な利己心が重要であるように他者への嫉妬心も行き過ぎてはならない．過度ではなく適切な嫉妬心であれば，岡本のいう島宇宙に参加したとしても，アカロフらの効用関数の（1）および（2）式からコミュニティ（島宇宙）に参加する前と後では，後者の方が効用は高くなる．この効用がお互いに高められる関係とは他者への嫉妬心にかられ，排他的な態度を取ることではない．お互いに価値観を認め合いつつ競い合うことで小さな物語をより強固なものにし，文化の発展に寄与することができる関係のことである．

　しかし，同担拒否および無限回収は上述の議論から逸脱している部分がある．無限回収については，原田が指摘するように特定のキャラクターへの愛情の深さを他者に表現するための方法と捉えることができる（原田，2015）．しかし，見方を変えれば過度な買い占め行為であり，他の購入希望者の購入機会を奪っているとも捉えられる．ここである状況を想定して議論をしてみたい．まず，2人の女性のオタクがいるとする．2人とも同じアニメの同じキャラクターを好み，同じ種類のグッズをカバンに無数に付けている．この2人は知り合いではなく，アニメ関連のイベントの最中にたまたま出会ったとする．この2人はそれぞれSNSで毎日積極的に情報を発信しているが，自己と同じような消費行動をしている他者を互いに良く思ってはいない．そしてしばしば，同担拒否のメッセージなどを無作為に送信して問題を起こしているとしよう．そのような行動をしている2人が現実において相対するとなれば，衝突は避けられないであろう．しかし，インターネット上のSNSでは積極的な性格であっても現実では消極的な性格ということもありうるが，ここではお互いに無限回収の成果を他者にアピールしているという強気な性格であるとする．そうすると，2人は互いに同担拒否の主張を他者へと表明するはずである．それではなぜ，この2人は同じコンテンツを享受している他者の存在を受け入れられないのだろうか．

　この問いについて考えられる理由は，代替的な財がないことが挙げられる．

他の財への代替ができなければ，既存のキャラクター商品が市場に供給される間に消費活動を続けなくてはならなくなる．コンテンツ市場は消費サイクルが短く，アニメは放送期間に合わせて3か月から6か月程度の短期間に目まぐるしくその情勢が変化する．アニメのBlu-rayディスクの発売がすべて終了してしまうと，そのアニメの続編が制作決定しない限り新たなグッズなどの販売はされにくいという現状がある．その短いビジネスモデルにおいて，可能な限りグッズの収集をしなければ，消費の対象であるコンテンツがある日突然供給されなくなるということもありうる．これは，河合らが指摘するコンテンツ市場の予期せぬ消失という現象である（河合編，2006）．

そのようないわば不確実的な市場において，コンテンツという供給そのものに情報の非対称性を伴う財は，強い心理的不安を抱えているといえる．この心理的不安とは，まず財の供給そのものが不安定であることである．財の供給が安定的であれば，無限回収という手段に出なくても財を継続的に購入することができる．したがって，ある一時点における財の供給に過剰に反応しなくても良くなる．しかし，河合らの指摘ではコンテンツというトレンドの変化が激しい市場では，安定的な財やサービスの供給はできないので，特定のコンテンツにファンたちは心理的に不安を抱えながらの消費を続けることになる．

次に，コンテンツ商品を購入することによる他者へのアピール（キャラクターへの愛情の可視化）という点である．この可視化は一見すると野村総合研究所における承認欲求や共感欲求であると捉えることができようが，一方で大きな問題を含んでいる（野村総合研究所，2005）．承認欲求や共感欲求は「他者」の存在が前提であるが，同担拒否の行為は他者の存在を排除しているからである．その原因は，前述の（6）および（1）′式で説明できる．

（6）式はアイデンティティの構成要素，（1）式はアイデンティティを取り入れた効用モデルである．（1）′式はアカロフらのアイデンティティ・モデル（1）式に（6）式を代入したものであるから，ここでは（6）式について議論を展開していくことにしたい．（6）式の重要な点は，自己（ここでは女性のオタク）および他者のアイデンティティを構成する要素としての自己と他者の評価と行動が，自己のアイデンティティに相互的に作用していることである．そのとき，他者のアイデンティティの構成要素およびそのアイデンティティ

に基づく行動は，女性のオタクにとって大きな心理的負荷として認識されるということである．この（1）式では自他のアイデンティティから得られる効用を効用関数としてモデル化しているが，他者のアイデンティティやその行動から生じる効用が不効用になるため，自己のアイデンティティにとっては無視できないものとなる．この場合，自己のアイデンティティから得られる効用が他者のアイデンティティから得られる効用よりも大きければ，他者を排除するような同担拒否や無限回収などの行為は生じ得ない．一方で効用の大小関係が他者に傾くと，自己のアイデンティティから得られる効用が不効用になるため，他者の存在を排除しなくてはならないという発想に帰結するのである．

　人間だれしもが聖人君子ではないため，われわれも他者への劣等感に対する何らかの意識をし，他者よりも良い状態を得ようと考えることはある．その他者の存在によって生じる心理的な不安などを，（6）式などではマイナスの係数を変数に与えることで明示していた．この（6）式などは形式上－2となっているが，これは他者の存在をどれほど脅威に感じているかによって係数の大きさは変化する．見方を変えれば，筆者の効用関数における他者に対するマイナスの係数は，他者を排除するという急進的な行動や態度を取らせるストレス度とも捉えることができよう．

　この心理的ストレスが大きいほど，他者の存在はいわば目障りな存在となり，無視することはできなくなる．しかし，この心理的ストレスを本モデルでは－2と設定しているが，これは個人ごとの主観による程度の差が大きく，そのストレスによって生じる他者へのさまざまな行動を抑制する社会的規範が効用関数内に存在しないため，いったん他者への望ましくない行動を取ってしまうと歯止めが効かなくなる可能性がある．筆者の効用モデルには，アカロフらの効用関数にあった社会的規範やモラルの変数Pが存在しないからである．

　さらに，この他者を過剰に意識し乱暴な行動に至らせる原因として考えられるのは，供給される財やサービスが過少であるという点である．現在供給されているコンテンツの一部を除いて，非常に短いスパンで市場内において消費される対象の入れ替わりがあるなら，現在供給される財やサービスもいつ供給が停止するか分からないのである．また，このような財には自己の効用を低下させる存在として，転売を目的とする消費者もいる．そのような状態であれば，

財（転売されるような）を購入できなかった場合は，転売価格で市場価格よりも高値で購入するか，複数購入した消費者から譲ってもらうなどをするしかない．

しかし，前述の無限回収を第一とする消費者であれば他者に購入した財やサービスを譲るということはせず，大量に購入できた財を他者に向けてキャラクターや作品への愛情が可視化できる方法でアピールする．この行動を一部の女性のオタクが取ると考えられるとき，自分以外の他者は財の購入を阻害する存在であるため，（6）式や（1）′式で定式化した効用関数のもとで，攻撃的な行動を他者に対して取ってしまうのである．市場の状態を考慮すると，無限回収で自己の効用を高めることはコンテンツへの愛情の可視化という点で極めて理にかなっている．しかし，供給される財の数が限られているため財の争奪戦になる．

しかし，キャラクターグッズを大量に購入することでキャラクターなどへの愛情を表現するとき，同じようにキャラクターを愛する他者を目撃すると自己のアイデンティティとその効用は（6）および（1）′式から効用が減少するか，あるいはマイナスの効用となる．そのため，インターネット上や現実を問わず他者の存在を受け入れることができず，またこの他者も自分自身と同じ財やサービスの購入をしたいと考えている．そうであれば，他者は過少な財やサービスの購入を希望するライバルであるため，別の財やサービスを購入するようにアプローチしたり，嫌がらせ行為を行うことは無理もない．つまり，無限回収と同担拒否は財やサービスの供給量，財やサービスの性質および市場の特性，オタク的心理とアイデンティティという複雑な心理を起点とする行動であると捉えることができ，決して不可解な行動ではないのである．

さて，財やサービスの代替が効かないということになれば，一般的な効用関数 $U = U(A, B)$ の2財のうちの一方を無くせばよい．ここでは，B財をアカロフのモデルを修正した（6）式における I_j に置き換える．それにより，（7）式が得られる．

$$U = U(A, I_j) \tag{7}$$

（7）式の I_j については（6）式の右辺と等しくなるため説明は省略し，こ

こではこの式の意味を解釈したい．もしも財などの代替財がない場合は，われわれは心理的にその財などに依存してしまう可能性がある．そうなれば，効用関数の中に消費する財やサービスとそれに関連する自己のアイデンティティとを組み合わせて議論することは極めて単純であるが，同時に同担拒否の心理もクリアに説明しているともいえる．代替ができない財などにより1つの財を消費し，その財やサービスは有限であるため他者の消費が自己の消費量に影響を与える．そして，愛情の可視化をしたい場合は同一の財などを無数に消費する．これらの消費は他者の消費が自己の消費に影響を与えるだけではなく，自己のアイデンティティにも影響があるため他者の消費よりも自己の消費を優位に保ちたい，過度な消費によって他者よりも優越感を得たいと考えることによって排他的な行動や態度，すなわち同担拒否や無限回収に繋がるのである．

5.6 過度な消費の心理と向き合うことの意義

ここまで，過度な消費についてアカロフとクラントンのアイデンティティ・モデルを修正および拡張して検討を続けてきた．インターネット上では無限回収や同担拒否と呼ばれる行動は，本章で取り上げた女性のオタクのみならず男性のオタクにも当てはまる行動である．一方で女性の心理に強く働く集団への帰属意識は，隠れオタクや隠れオタ活という形で日常における行動や態度のスイッチングという二面性に影響を与える．これがオタクとしての生きづらさにつながっているのである．社会や経済が変化していくにつれて推し活が一般的に認知されるようになり，好きなものに情熱を注いで消費や創作活動を行うことに対して，社会からネガティブな感情を抱かれることも薄れつつある．それでは，社会の変化によってオタクやファンたちによる排他的行動も減少していくのであろうか．筆者はこの問いに対して減少しないのではないか，あるいは増加する可能性もあるのではないかと予想する．

排他的行動の1つとして取り上げた無限回収や同担拒否の行動は，どれほどその対象に熱中しているかという熱量を金額で換算するのではなく，可視化できない愛情に起因する行動であると捉えることができた．愛情を注ぐほどの特別な存在には思い入れも強く反映されるため，同じコンテンツなどを好む他者

を受け入れられない心理が生じるのは無理もない．また，供給される財が有限である場合は，財への熱中度が消費行動に反映されやすい．同一の財や同質の財を消費することで，購入した財の数を愛情の度合いと見なすことができるからである．また財やコンテンツの代替性がなく，かつ供給される期間に限りがある場合は，過度な消費行動に結び付きやすい条件が揃っている．しかし，消費者にとってその財やサービス，コンテンツが不可欠なものとして認識されていれば，特定の財やサービスなどに固執してしまうのも十分に理解できる．

ロングテールとして，インターネットのECサイトや個人間のやり取りができるフリーマーケットサイトなどでは，市場での供給が終了した財の取引も頻繁になされている．しかし，これらは本質的な解決にはつながらない．人気のある財やコンテンツの安定的な供給と，旬を過ぎたもののファンのいるコンテンツや財の供給という2つの需要をコンテンツ市場は満たす必要がある．必要とする消費者に適切に財やサービスが供給できないと，過度な消費行動を誘発するばかりではなく，同担拒否や他者へマウントを取る行動などがインターネット上で見られるようになる．そうなると，新規のファンが参入しにくくなり，コンテンツの寿命を縮めてしまう．そして，コンテンツ市場そのものが衰退する要因となる．

このような心理はコンテンツやオタク文化，サブカルチャーを嗜好する人々に限定されるものではない．むしろ，誰しもが他者への排他的行動をとる可能性を有している．それでは，われわれはどのようにして望ましくない行動をとりうる心理と付き合っていけばよいのか．そのヒントは，次章で詳しく紹介する「ホスピタリティ」にあるのではないだろうか．

注
1） 本節は牧和生（2023）「オタク文化における過度な消費と排他的行動の経済学」『京都橘大学研究紀要』49 213-228をもとに加筆修正したものである．原稿の転載を快諾頂いた京都橘大学紀要編集委員会に感謝申し上げる．
2） 本来であれば，腐女子とは男性同士の恋愛に傾倒する女性を指すことが一般的である．しかし，女性オタクは社会性を持ち日常生活を営み，自己の効用を高めるコミュニティに属して積極的に活動もするという二面性を持っていると主張する研究もある（梅本，2018）．梅本の研究では「オタク女子」という呼称を用い，腐女子，男性オタ

クとも性格が異なるオタク女子の特徴を上記のようにまとめている．

3） 無限回収するのは女性だけとも限らないが，原田（2015）では女性のオタクにおける無限回収の議論を行っているため，本章でも女性に焦点を絞って議論を行う．ただし原田は男性における無限回収の例として，アイドルのCDの複数枚購入を挙げている．財の複数購入との大きな違いは，男女の性差ではなさそうであるが，原田の挙げている例では女性のオタクは２次元のキャラクターの商品を無限回収し，男性オタクは実在のアイドルに関する商品を無限に回収している．さらには，アイドルのCDなどには付属として「握手券」や「投票券」などが入っているが，キャラクターグッズにはこのような「付加価値」が無いケースも多い．この点も大きな違いとして議論すべきであろう．

4） この議論にあたって，筆者が2015年度に青山学院大学で担当した「現代社会の諸問題」の受講生たちのリアクションペーパーや，コンテンツに関するアンケート，受講生の期末試験の解答が大変参考になった．学問の自由さを体現したような，試験の枠にとらわれない自由な発想に基づく論述試験の解答は，筆者にとって今も貴重な財産となっている．また，九州国際大学の牧ゼミのみなさんとのゼミ活動も，この研究に大いに参考になった．脚注内で申し訳ないが，ここに感謝の意を示したい．

5） キャラクターグッズを無数に付けたカバンを「痛バッグ」と呼んでいる．一般的には受け入れがたい行為をインターネット上で「痛い」と表現することに由来する．

参考文献

Akerlof, G. A. and Kranton, R. E.（2000）"Economics and Identity." *Quarterly Journal of Economics*, 115(3) 715-753.

Akerlof, G. A. and Kranton, R. E.（2005）"Identity and the Economics of Organizations." *Journal of Economic Perspectives*, 1(1) winter, 9-32.

Akerlof, G. A. & Kranton, R. E.（2010）*Identity Economics: How Our Identities Shape Our Work, Wages,and Well-Being.* Princeton University Press.

アカロフ, G. A.・クラントン, R. E. 著, 山形浩生・守岡桜訳（2011）『アイデンティティ経済学』東洋経済新報社.

東浩紀（2001）『オタクから見た日本社会――動物化するポストモダン――』講談社〔講談社現代新書〕.

梅本克（2018）「デジタルコミュニケーションはオタク女子の行動様式をどのように進化させたか」文化経済学会〈日本〉2018年大会予稿論文集, 20-21.

榎本秋（2009）『オタクのことが面白いほどよくわかる本――日本の消費をけん引する人々――』中経出版.

岡田斗司夫（2008）『オタク学入門』新潮社〔新潮文庫〕.

岡本健（2013）『n次創作観光――アニメ聖地巡礼／コンテンツツーリズム／観光社会学――』北海道冒険芸術出版.

河合良介編（2006）『萌える！経済白書』宝島社.

Steven, N. D. and Lawrence, E. B. (2009) "*Behavioral and Experimental Economics.*" Palgrave Macmillan.

杉浦由美子（2008）『かくれオタク 9 割ほとんどの女子がオタクになった』PHP 研究所.

野村総合研究所オタク市場予測チーム（2005）『オタク市場の研究』東洋経済新報社.

Fehr, E. and Schmidt, K. M. (1999) "A Theory of Fairness, Competition, and Cooperation." *Quarterly Journal of Economics*, 114(3) 817–868.

ブルーナー，J. 著，岡本夏木・仲渡一美・吉村啓子訳（2016）『意味の復権──フォークサイコロジーに向けて──』ミネルヴァ書房.

原田曜平（2015）『新・オタク経済──3 兆円市場の地殻大変動──』朝日新聞出版〔朝日新書〕.

Blount, S. (1995) "When Social Outcomes Aren't Fair: The Effect of Causal Attribution on Preferences." *Organizational Behavior & Human Decision Processes*, (62) 131–144.

中込正樹（1994）『一歩先をいく経済学入門──ミクロ編──』有斐閣.

中込正樹（2008）『経済学の新しい認知科学的基礎──行動経済学からエマージェンティストの認知経済学へ──』創文社.

中込正樹（2018）『意味と人間知性の民俗認知経済学──「トランス・サイエンス時代」への教訓を求めて──』知泉書館.

牧和生（2011）「共感をきっかけとする文化創造──アニメオタクの認知を中心に──」『青山社会科学紀要』40(1) 109–122.

牧和生（2012）「新たな経済学の構築に関する展望」『青山社会科学紀要』40(2) 191–216.

牧和生（2013）「文化概念の拡張とサブカルチャーおよびCGMにおける文化経済主体の創造性に関する研究」『青山社会科学紀要』41(2) 21–44.

牧和生（2014）「サブカルチャーにおけるダイナミズムとホスピタリティ」青山学院大学（博士論文） 1–264.

牧和生（2016）「光トポグラフィーを用いた脳科学的研究の文化経済学への応用──ホスピタリティに着目して──」『文化経済学』13(1) 25–35.

牧和生（2019a）「コンテンツツーリズムへの批判と展望」『国際・経済論集』(3) 99–120.

牧和生（2019b）「文化における『意味』の役割」『文化経済学』16(2) 4–9.

牧和生（2020）「コンテンツ文化におけるホスピタリティの重要性──経済学とコンテンツ文化（コンテンツ文化史）の邂逅──」『国際・経済論集』(5) 121–140.

森永卓郎（2005）『萌え経済学』講談社.

山岡重行（2016）『腐女子の心理学──彼女たちはなぜBL（男性同性愛）を好むのか？──』福村出版.

山岡重行編（2020）『サブカルチャーの心理学──カウンターカルチャーから「オタク」「オタ」まで──』福村出版.

吉本たいまつ（2009）『おたくの起源』NTT出版.

6章

ホスピタリティの経済学的基礎
──共感の経済学──

6.1 ホスピタリティとは何か

本章ではこれまでの議論を補い拡張すべく，相互関係性という概念を行動経済学さらには経済理論に当てはめることの意味を考えていきたい．経済学の命題である個人主義的効用最大化の前提を批判的に検討し，他者の存在を意識する経済学のあり方を議論していく．

さて，すでに行動経済学の研究成果が多く世に出され，経済理論が想定するような意思決定をわれわれは行っていないことが指摘されていることは，前章までにまとめたとおりである．この指摘はわれわれが常に合理的な意思決定をしていないことを示すのだが，さらに深く問題を見ていくと，われわれは個人主義的な効用最大化を常に念頭に置いて行動しているのだろうかという疑問が生じてくる．それぞれの経済主体が常に効用を最大にするべく行動しているのならば，他者のための行動（Other Regarding的行動）は見られないのではないか．あるいは，自己の効用を最大にするために他者のために行動をすると考えるとき，それは偽善というべき行動ではないだろうか．

しかし，世の中の人々が幸せに満ちた社会を実現するために，経済学ができることはこの効用最大化，利潤最大化を目的としない他者のための行動を経済学に取り入れることである．そのキーワードが本書でもすでに登場していた「ホスピタリティ」である．

みなさんは，ホスピタリティ（hospitality）という言葉を耳にしたことはあるだろうか．ホスピタリティはラテン語の「ホスピリタス」がルーツになっているといわれ，ホスピリタスはお客の歓迎の意味を持つ言葉である．ホスピリタ

スもラテン語の「ホスペス」と「ホスティス」が混じっている概念であるといわれ，ホスペスは他の世界から来る人（他人であり客）を表し，ホスティスは他者であり敵を表す言葉とされる．

このホスピタリティは，日本語に訳しにくい概念である．おもてなしと訳されることも多々あるが，筆者にはおもてなしではホスピタリティの本質を捉えているようには思えないのである．山路も英語の「Hospitality」と日本語の「ホスピタリティ」は異なる概念として捉えるべきであると指摘する（山路, 2020）．それは，ホスピタリティがおもてなしという解釈では収まり切らない広範な概念であると同時に，現実社会では誤解されているケースも散見されるからである．

ホスピタリティを具体的にイメージしやすいように次の例で説明してみたい．これまで航空会社とホスピタリティに関する書籍が多く出版されているのは，長時間多様な文化的価値観を持つ乗客が同一の空間で過ごすという性格上，「敵ではない他者を受け入れる」ホスピタリティの精神が不可欠だからであろう．

さて，日本の航空機内で次のような乗客が居たそうである．キャビンアテンダントが離陸前に乗客のシートベルトをチェックしていると，ある乗客が荷物を膝の上に抱えていた．キャビンアテンダントはその荷物を荷物棚か座席の下に仕舞うように指示をしたがその乗客は頑なにその荷物を手放そうとはしなかったという．ここまでのやり取りで，その荷物が乗客にとってとても大切なものであることは容易に想像できる．そこで，キャビンアテンダントは機転を利かし，その荷物を空席の座席に置き，シートベルトも締めて無事に離陸することができたというエピソードである．

この荷物の中身は遺骨であり，乗客は遺骨も大切に扱ってもらえたことにとても感謝したという．この話の真偽は定かではないが，実際に起きうるシチュエーションである．ここで重要となるのは，「ホスピタリティ≠機転を利かせる」という図式ではないことである．航空輸送という性格上，安全な運行やそのためのルールは遵守しなくてはならない．しかし航空機内で起きうることについて，すべてマニュアルやルールを定めるというのは不可能である．マニュアルや前例がないことに対して「自分ができることを考え，主体的に行動に移す」

ということがホスピタリティの本質であることを，われわれは念頭に置く必要がある．これが，山路が指摘しているホスピタリティへの違和感の正体であるといえる．もともとは敵ではない他者を歓迎するという精神性を意味した「Hospitality」が，厚遇，おもてなしと理解され実行される「ホスピタリティ」へと変容してしまっていることも問題であるといえる．

6.2　ホスピタリティと共感のメカニズム

筆者は本節で，ホスピタリティにおける新たな疑問として生じた共感とホスピタリティの相違」について検討をしてみたい．この問題意識の発端は，シンガーとヴィンモントらの共感のプロセスモデルである（Vignemont & Singer, 2006）．シンガーらはわれわれが他者に共感するとき，ミラーニューロンによる自動的に共感する部分と，さまざまな文脈や状況に応じて共感の強さを調整する部分とが存在すると主張する．シンガーらの共感のプロセスモデルは，共感の強さを決定する要因として同年代，同性，同じ経験の有無などを挙げている（Vignemont & Singer, 2006）．共感の調整メカニズムは認知的共感や，Theory of Mind（心の理論），メンタライジングあるいはミラー・メカニズムなどとも呼ばれることもある．これらは，われわれが他者の心を読む行為のことを指している．ミラーニューロンは，他者の行動を観察するだけで自らも同じ行動をしたかのように活性化する脳神経細胞である．このミラーニューロンは，われわれの共感する能力の基礎であると考えられている．この自動的に脳神経細胞が反応した後に，共感の強さをさまざまな要因や文脈に応じて調整が行われる．この共感の強さの調整は，必ずしも自動的には行われないのである．共感の強さが調整されたことによって，他者に共感をしないという結果も考えられる．これは，共感の強さを調整した結果によって，共感しないという結論を心が下したと解釈できる．

さらにシンガーらは，共感の調整メカニズムの所在を議論している．シンガーらは共感の強さの調整は，共感を生じさせる文脈や要求（ミラーニューロンが反応する状況）と同時に行われると考えている．それまで研究では共感の強さの調整は，ミラーニューロンによる反応の後の段階で行われると考えられていた

ようである．つまり，われわれは，この共感のプロセスモデルによる共感の強さの調整によって，他者に共感を示さない場合も考えられるのである．

例えば，ウェダンタムが指摘するわれわれが無意識的に形成する他者への偏見の問題である（ウェダンタム，2011）．さらに，われわれは社会生活の中でアイデンティティを形成し確立することで，自分自身と同様の価値観を持つ集団に帰属したいと考えるようになる．ウェダンタムはこれを「友情の絶滅イベント」と呼んでいる．これは，自己のアイデンティティが強固となる14歳くらいの年齢で，積極的に付き合う友人を選別することを意味する．それまでは，さまざまな価値観を持つ他者と交流をしていても，価値観が異なる他者と付き合うことは自分自身のアイデンティティが揺らぐことにもなりかねない．それならば，同様の価値観を持つ集団に帰属することが望ましいといえる．当然ながら，この同じ価値観を持つ集団であれば，グループの成員に対して共感を示すこともできるであろう．これが付き合う友人の選別につながる友情のイベントの正体である．

このような議論はアカロフらが，他者の行動が自らの効用に影響を与えるという着想をもとにアイデンティティと結び付けて研究行っている（Akerlof & Kranton, 2000）．また，マイナスの効用を与える可能性のある他者（暴力的な人，偏見の目で見られる人など）を避け，何としてでも自らのアイデンティティや効用を守るために，マイナスの効用を与えうる他者に望ましくない行動をとることで，自分自身の効用とアイデンティティを保守すると指摘している．確かに，このような状況は現実でも多く見受けられるものである．われわれは，偏見や他者から得られるさまざまな情報によって，他者に対する態度を決定している．マイナスの効用やアイデンティティを揺らがせるような，あるいは価値観の異なる他者とは接したくないと考えるのも無理はない．同じ価値観を持つ他者であれば，シンガーらの指摘どおり他者に対して共感しやすいであろう．強く共感するように共感の調整プロセスが作用するからである．しかし，価値観の異なる他者と接することが，必ずしも自己の効用やアイデンティティにとってマイナスになるとはいえないのでないか．つまり，他者の異なる価値観に触れることによって，自らの価値観を洗練し，より強固なものにする可能性である．

ところで，われわれは他者の価値観をどれほど正確に理解することができる

であろうか．他者と交流することによって，他者の価値観を知ることはできる．しかし，全くの見ず知らずの相手の価値観や心理状態をわれわれは正確に見抜くことができるだろうか．共感のプロセスモデルが作用することによって，われわれは他者の心理や価値観をさまざまな社会的な文脈から推測しようとする．これまでの自分自身の経験なども，他者の心理や価値観を推測するために重要な役割を果たす．しかし共感のプロセスモデルは，他者と同じ立場に立つことを議論の前提とし，そして他者に対して共感できる場合のみの議論に留まっている．すでに筆者は共感のプロセスモデルの問題点について，他者に共感を示さなかった場合の議論が不十分である点，他者の心理を推測するためには他者と同じ立場に立つ必要があるが，そもそもわれわれが共感の対象である他者に対して偏見などを持っていれば，他者の立場や視点に立とうともしないのではないかという問題点がある．

　さらには，共感のプロセスモデルの働きと，われわれの行動がどのように関連するのかという視点も欠落しているといわざるを得ない．これは，シンガーらが指摘する共感を強くする要因が他者と一致することで強い共感が得られ，他者のために行動をとることは十分に考えられることである．しかし，共感のプロセスモデルが機能はするものの結果として他者に共感を示さなくても，われわれは他者のために行動をとることができる．この共感を示さなくても他者のために行動をとることが，ホスピタリティなのである．

6.3　アダム・スミスの同感原理とホスピタリティとの相違

　本節ではさらに，ここまでのホスピタリティ論の拡張を目指してアダム・スミスの『道徳感情論』における同感原理との比較および検討を行うこととしたい．スミスの同感原理を取り上げるのは，経済学の祖であるスミスが論じた他者との関係性と，ホスピタリティが描く他者との関係性には大きな違いがあると考えられるからである．前節にて検討した共感とホスピタリティが異なる現象であったように，スミスの同感原理とホスピタリティも異なる概念であると思われる．したがって，これらの議論を踏まえることで，ホスピタリティの有効性とその限界について深く理解することができよう．

6章　ホスピタリティの経済学的基礎　　*85*

アダム・スミスが『道徳感情論』（1759＝米林訳, 1969）で論じた市民社会（civil society）は，当時の中層・下層階層の人々（middling and inferior ranks of people）にを担い手として浸透しつつあったボトムアップ型社会であった．その市民社会における他者との交通原理が，中立で公平な観察者（impartial spectator）からの同感（sympathy）である．

スミスは，他者に対する同感は自己に他者の心情を内面化させ，他者のためにとるべき行動を考え，さらにその考えた行動が中立で公平な観察者から是認される場合のみ他者に対して行動を起こすのだと指摘する．このような行動原理のもとで人々が行動することで，社会や市場には道徳律が形成される．一見すると利己的な人間であっても，他者に対する同感をもとに行動を決定するため，社会や市場から是認されない行動や行為が抑制される．この行動原理によって，社会や市場にフェア・プレーのルールが生み出されるのである．

さらにスミスは他者が有する心情や置かれている状況について，行為主体が目の前の他者の心理を理解できる場合には，他者に対して完全に同情を示すことと同じであると述べている．一方で行為主体が他者の心情や状況を理解できない場合には，他者に対して同情を示さないということになる．このスミスの指摘には，行為の適宜性（propriety of action）という概念が含まれている．つまり他者が抱く心情を，われわれが理解できるかどうかを判断するという概念である．スミスはさまざまな例を挙げて，他者と心情が一致することによる同感について議論している．

この議論では，他者の心情を自己の内面に投影し，その心情を理解できるかが重要な問題となる．また他者に同感を示すとき，行為主体がとるべき行動は他者に受け入れられやすいといえる．このとき，他者と行為主体という関係性の中で構築される同感を基盤とする共通認識が形成される．その共通認識のもとで決定される他者のための行為は，他者から是認される行為である．これは，シンガーらの共感のプロセスモデルと同様である．他者の心情が理解でき，共感を強く調整する要因が他者と多数一致すれば，強い共感が感情として現れる．スミスの同感原理における他者の心情を理解できるかどうかの判断は，共感の強さを調整するメカニズムと同様であると解釈できる．

石井は，スミスの『道徳感情論』を社会的倫理観の構築に対する貢献として

評価している（石井，1971a）．これは，経済学の祖としてのスミス像だけではなく，スミスが『道徳感情論』によって現実の経済や社会に不可欠な哲学的基礎を論じているからである．ホスピタリティも多数派主義の経済モデル，つまり新古典派の経済モデルからのパラダイム・シフトを図り，少数派・多数派の人々が共存と共栄できる経済および社会の可能性を主張するものである．以下では，スミスの主張とホスピタリティとを比較しながら，ホスピタリティの本質に迫ることとしたい．

スミスの同感原理を現実社会において実行するにあたって，われわれ経済主体は心（無意識の脳や感情）の存在によって，必ずしもスミスの理論どおりには行動をとれない可能性がある[1]．前述のとおり，スミスのいう同感はいわば他者との同調（同感）をきっかけとして，行動の結果として得られる情報を判断基準に用いた他者理解である．つまり自己の心に他者の心情を投影し，他者に対して同じ心情を抱くことができ，他者の心情を理解できれば他者に対して共感することが可能であると解釈できる[2]．スミスが考える他者理解は，目の前にいる他者に対して自己の内面に他者の視点を取り入れる（他者と同調する）ことを基礎としている．そして他者のための行動をとり，追加的に他者の心情を理解するための情報を獲得し，自らの価値観やこれまでの経験などと比較することで共感するかどうかの判断を行っていると解釈できる．スミスの同感原理の前提は他者と自己との心の同調，そして自己の内面に他者の視点を取り入れることである[3]．利己心を持つ経済主体が，他者の視点から自らのとるべき行動を決定することは，利己的な経済主体の心のブレーキとしての役割を同感原理が果たしているといえる．完全に利己的な経済主体ならば，他者の視点から物事を考える必要性を持たず，自らが獲得する利潤や効用が最大になるようにとるべき行動を決定すれば良いからである．ここまでの議論を理解しやすいように，図 6-1 の左側にまとめているので参考にされたい．

スミスの想定する市民社会における個人（individual in society）は新古典派経済学が想定する合理的で利己的な個人（homo economicus）とは異なる存在である．このスミスの同感原理によって生み出される市場や社会におけるフェア・プレーのモラル，ルールといったものは，利己的な心を律し，社会から是認される行動をとったことによるものである．

6 章　ホスピタリティの経済学的基礎　*87*

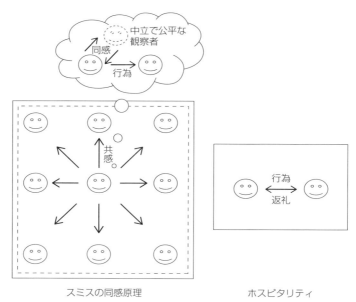

図6-1　アダム・スミスの同感原理とホスピタリティの本質的差異
出所：筆者作成.

　さらに，スミスの同感原理はまず他者を選別することなく，他者の心情を共有しようとする姿勢がある．これは，他者に対して公平な視点から接することの重要性を指摘しているといってよい．石井（1971a，1971b）では，スミスの同感原理は自己の心理における他者の心情を自己に置き換え熟慮する視点と，行為者と行為の受け手との状況を中立的な立場から傍観し，最終的に他者のための行動を決定するいわば裁判官のような視点の必要性が述べられている．さらに石井はこれらの視点をわれわれが持ち，実際に実行するために3つの徳が存在しているのだという．1つ目は慎慮の徳（virtue of prudence），2つ目は正義の徳（virtue of justice），3つ目は仁恵の徳（virtue of benevolence）である．慎慮の徳は，自己の身分や，財産や生活などに関わる配慮である．石井はこの慎慮の徳を，経済理論における利己心を基礎づけているものであると指摘する．正義の徳は，石井によると隣人あるいは他者を侵害しないという消極的な徳である

が，社会における土台としての意味を持つという．さらに，この正義の徳と慎慮の徳が結びつき，利己心の限度を超えなければ是認される徳となる．仁恵の徳は自己から出発し，他者との関係性の広さを示すものである．また，これらの３つの徳の基礎を自制（self-command）が支えているのだという[4]．スミスによると，自制は他者と自己の感情を適切に調整する役割を果たすものである．

　市場における取引を考えてみると，スミスの指摘では，たとえ１度限りの取引相手であっても不当な対応をとらないということになる．合理的経済人であれば，１度限りの取引相手（金輪際取引を行わない相手）に対して「裏切る」という選択をとるということも考えられる．しかし，スミスの同感原理では１度限りの取引相手であっても，すでに取引を行っている相手と同様に対応するということになる．取引相手の立場に立ち望ましい行動を客観的に考えることで，モラルに反するような行動は選択肢から排除されるからである．これは，前述の３つの徳が適切に機能しているといえる．自制心を基盤として，慎慮の徳の過度な利己心の表出を抑制し，正義の徳によって他者に危害を加えず，さらに仁恵の徳によって他者を社会の一員として認識することができる．これまでに何度も取引をしている取引相手であれば，取引相手に関する情報も十分得ることができるであろう．またこれまでの取引から得られた情報によって，他者の心理を深く理解することができる．しかし，１度限りの取引相手であっても既存の取引相手と同じように取引を行うことは，他者に対する区別をしないというスミスの性善説的な側面が見て取れる．

　一方で，取引という金銭や利潤を伴わない相互関係，いわゆる社会全般における相互関係はどうであろうか．取引によって金銭的な利潤などを生み出すことのない他者との相互関係は，合理的経済人であれば考えなくてもよい問題である．すでに述べたように，合理的経済人は他者との相互関係による金銭的報酬などをインセンティブとして，他者との関係性を構築しようとするからである．つまり，経済理論の前提である合理的経済人は他者を金銭的なリターンをもたらす他者と，そうではない他者とを選別していることになる．しかし，スミスの同感原理は市場取引のみならず，社会における他者との良好な関係性構築のための哲学的基礎を述べている．

　特に自制の徳（自制心）は，他者との相互関係におけるフェア・プレーにとっ

6章　ホスピタリティの経済学的基礎　　*89*

て重要な役割を果たすものである．例えば，不特定多数の人々が参加する市場では，お互いの価値観や性格などを正確に理解することは困難である．この問題を解決する概念が，スミスの同感原理である．市場での経済主体は，同感原理における中立で公平な観察者から同感されるかどうかを念頭に置きながら行動を決定する．さらに，他の経済主体も同様の行動原理に基づいて行動を決定することで，市場にはフェア・プレーのルールが浸透する．このフェア・プレーの精神を，経済主体に意識させる役割を自制の徳が担っていると考えられる．

この自制心の欠如は，過度な利己心を表出させ，他の経済主体に不利益となるかもしれない．しかし，自制心を常に意識することによって，われわれはさまざまな行動の決定の背景に客観的視点を取り入れ，他者から是認される行動を選択する．この結果，市場や社会における秩序が保たれるのである．

一見すると，日常的に自制心を意識し行動することは，われわれにとってごく当たり前のことのように思われる．しかし，現実においてはしばしば自制心の欠如による他者へ不利益を与える行動がみられる．例えば，インターネットにおけるSNSなどを用いたコミュニケーションは，これまで出会うことのなかった人々をマッチングさせ，文化に活気をもたらしている．一方で，SNS利用者のモラルに反した利用も目立っており，一部では社会問題となったものもある．これらは，スミスの同感原理では起こりえない問題である．他者を不快にさせる，あるいは他者を貶めるような発言や行動は，公平な観察者からは是認されないからである．このような否認されるべき行為が生じるのはなぜであろうか．それは，他者とのつながりの感覚の欠如である．われわれは，他者とのつながりを強く求めることで，自制を欠いた行動をとることがある．スミスの同感原理が機能する社会は，われわれが客観的視点を持ちながら他者から共感される行動をとることによって成立する．他者から是認されない行為は，自制心の欠如によるものであるが，さらにいえばその本来ならば是認のしようのない行動を是認する他者が存在することも事実である．前述のSNSの例では，SNSのユーザーが特定のユーザーとのコミュニケーションを行うと同時に，全世界のユーザーとも情報を共有するという特徴が，諸問題を生じさせている一因である．

SNS上にはさまざまな性格のユーザーが存在している．不適切な書き込みに

共感するものも存在する．この不適切な書き込みに対して，共感する他者も自制心が欠如している．他者に対して過剰に共感（≠同感）を示しているからである．SNSでは，このような不特定多数の他者に対して否認の態度を示す他者から，投稿内容について糾弾されることがしばしばある．また，行き過ぎた正義感によって問題のある他者を徹底的に追い込むケースもある．もちろん，スミスはこのような情報化社会を前提に議論は行っていない．しかし，現実の社会はインターネット上であっても，他者とのコミュニケーションは欠かすことのできないものである．われわれは，社会の中で生活をする際，社会におけるすべての他者に関する情報を正確に把握することはできない．他者から共感される行動をとることで，社会には秩序が成立するのである．すでに述べたように，社会や市場における他者から否認される行為は他者から非難され，市場や社会から排除される．他者から共感される行為を客観的に判断し，実行することは当然のことのように思われる．

　しかし，自制心の欠如によって生じる問題も多く発生しているという事実は，社会における他者の視点から行動を決定するという行為の困難さを示している．他者から否認される行為が行われるのは，多くの人々が参加する市場や社会といっても，われわれが日常的に出会うことのできる人々が限定されているからかもしれない．他者の存在が限定されることで，自制心を伴わない他者への行為が行われると考えられるからである．しかし，この自制を欠いた行動は多くの他者に影響を与えるのである．

　これまでの議論をまとめると，スミスの同感原理は，市場や社会における他者から共感される行為に基づいて形成される道徳律である．この道徳律の形成には，自制が大きな役割を担っているということである．

　次に，ホスピタリティはスミスの同感原理とは異なる概念であることについても，議論を展開していこう．ホスピタリティと同感原理との大きな違いは，スミスの同感原理が社会や市場というような不特定多数の人々を前提とした概念であるが，ホスピタリティは社会や市場における非常に限定された範囲内に適応されるものである．ホスピタリティは他者との1対1の関係を前提にしている．つまり，ホスピタリティは限定されたコミュニティの範囲内にのみ成立するものであり，その限定された関係性において高いパフォーマンスを発揮

するのである．自制という視点では，ホスピタリティを実行する際にも自制は必要である．ホスピタリティを実行する際に自制心がなければ，他者に対する過剰な共感によって，適切に行動を決定することができなくなる．山本によればホスピタリティとは，実行することで他者にとってマイナスには働かないものであると指摘している(山本, 2008)．しかし他者に対して感情的になるあまり，他者の望む行為が自己の望む行為と同一のものであると誤認することがあるかもしれない．他者のための感情的な行為は，ホスピタリティを提供することによって，行為の受け手にマイナスには捉えられないであろう．しかし，他者の心情を無視した行為は，他者にとっては押し付けとなる可能性がある．つまり，ホスピタリティにもある程度の自制は必要である．ホスピタリティを行うためには，自己の感情と理性を機能させ他者の視点に立ち，他者の感情に寄り添い，他者が望む真の欲求を満たすための行為を考えなくてはならない．そうでなければ，ホスピタリティは成立しない．やはり，ホスピタリティの成立にも自制が必要なのである．しかし，スミスの同感原理における自制の程度と，ホスピタリティで必要となる自制の程度とは異なる．

　ホスピタリティに必要な自制心は，他者の立場に立ち，他者のための行為を提供するために自己を律することである．一見すると，ホスピタリティには非常に強い自制心が必要であるように思われる．しかし，ホスピタリティは不特定多数の他者から共感されなくても問題とはならない．目の前にいる他者に対してのみ共感されればよいのである．さらにいえば，ホスピタリティを提供した他者からも共感されなくてもよい．ホスピタリティの実行者は，行為を提供した他者に行為がホスピタリティとして認識されればよいからである．つまり，ホスピタリティを提供した側からすればホスピタリティの受け手が共感したり，またはホスピタリティによって感情を高ぶらせて感動するという結果を気にしなくて良いということになる．敵ではない目の前の他者に寄り添い，その他者のために行動することがホスピタリティなのであるから，ホスピタリティの受け手がたとえ提供された行為に満足しなかったとしても，「きっと自分のために相手は行動したのだ」という認識がなされれば良いのである．ホスピタリティは「おせっかい」に似ているのかもしれない．

　スミスの同感原理では，常に多数の他者からの視線が自己に向けられる．さ

らに，自分自身も多数の他者に目を向けなくてはならない．その点では，ホスピタリティは自己と目の前の他者という限定された関係性という相違がある．もちろん，ホスピタリティにも自制は必要であるし，他者に危害を加えるような行為はホスピタリティではない．前述のSNSにおける書き込みの例は，一部の人々に認められたとしても，多くの人々から批判される内容であればホスピタリティであるとはいえない．この点については注意をしなくてはならないが，むしろこの点がホスピタリティにおいては最も重要であるのかもしれない．これは，これまで本章で議論を行ったホスピタリティの議論からも明らかである．

このような前提のもとで，ホスピタリティは他者との濃密な関係性を構築する．自制はスミスの同感原理の方がより強い自制心が求められる．ホスピタリティにおいては，自制の程度は小さく，目の前の他者と同じ視点から最適な行為を決定する．この他者のための行為は，不特定多数の他者から共感されなくても問題はない．目の前の他者に共感され，提供した行為が第三者の視点からも問題とならなければよいのである．多数の人々の視線を意識しなくてもよく，行為を提供する他者の要求を満たすことに集中できる点からも，ホスピタリティにはそこまで強固な自制心は必要とはされないといえる．この点が，スミスの同感原理とホスピタリティとの違いである．また，ホスピタリティはスミスの同感原理と比較して能動的な行為であるといえる．ホスピタリティは，他者に対して共感をしなくても行為を提供することができる．共感しない他者に対しても積極的に行動することが，ホスピタリティである．

スミスの同感原理では，多数の他者から共感される行為を行うという点では受動的な概念であるといえる．しかし，ホスピタリティは同時的に行為を提供しなくてはならない他者が存在するような場合には成立しない．このような状況のとき，われわれは2つの選択肢からとるべき行動を選択する．1つ目は，ホスピタリティとして1人のみにホスピタリティを提供し，他の人々にはホスピタリティを提供しない，あるいは自己以外の行為者が別の他者（他の行為の受け手）に対してホスピタリティを提供するというものである．この場合には，ホスピタリティ精神が他の行為の提供者にも根付いている必要がある．

2つ目は，ホスピタリティを提供せず，客観的視点から望ましいと思われる行為をすべての他者に共通して提供することである．この場合では，特定の個

人を特別視して他者と違う行為を提供することはできないが，効率的に行為を提供することができる．つまり，行為を提供しなくてはならない人々が増加したとしても対応することができるのである．したがって，後者の選択肢ではサービス社会・経済が生み出されるのである．その一方でサービスの台頭によってホスピタリティは喪失していく．これまでの議論から，スミスの同感原理はホスピタリティよりも広範な規模を前提とした概念であり，ホスピタリティは限定的な関係性の中で成立するものといえる．

6.4　サービス経済の限界とホスピタリティの関係

山本は徹底的にサービスあるいはサービス社会を批判することでホスピタリティの優位性を明確に主張している（山本，2008）．まずは，サービスとホスピタリティとでは行為を提供する対象の人数が異なる点が挙げられる．サービスは1対多数の関係，ホスピタリティは1対1の関係を想定する．サービスは，いかに効率的に多くの消費者に行為を提供するかを目的にしている．そのためには，マニュアルなども積極的に活用するだろう．山本はまずサービスのこの部分に鋭い指摘を行っている．

ホスピタリティのようないわば非効率的な行為が，今日において多くの企業などに注目されているのはなぜであろうか．ホスピタリティはホスピタリティを提供する他者が，主体的な判断によって最適な行為を提供するものである．一方で，ホスピタリティを提供される者は，まさに望んでいた行為が提供される．これは，ホスピタリティを提供する者と提供される者との相互関係のもとで成り立つ．サービスではこの相互関係性が希薄となる．

効率的にサービスを提供することを目的とするならば，サービスを提供する側は目の前のお客の顔などは見る必要がない．つまり，サービスは一方向の関係性なのである．山本はサービスが提供されないことで不満が発生するが，ホスピタリティには提供されないことでの不満はないと指摘する．サービスは消費者から不満が出ない最低限の行為であり，ホスピタリティはいつ提供されるかは分からないが，いつか必ず他者から提供されるものであるからだという．この考えは，ホスピタリティで成り立つ社会とも関わってくるものである．誰

かが誰かのために最適な行為を提供するという社会は，互いが他者を意識しながら生活する社会である．さらに他者の望む行為を提供すれば，自らにも高い満足を得られるホスピタリティが提供される機会が生まれることになる．

このような関係性は，本書5章のアカロフとクラントンの（1）式および（2）式の変数に影響を与える要因となりうる．他者にどう見られるかではなく，他者のために犠牲を払うという行動は，相互関係を論じる上で重要なものである．それぞれの個人が効用を最大にするべく行動することを前提にしている場合では，競合する他者の存在は効用最大化を阻害する存在となりうる．利己的な行動から利他的行動の経済学を考えることで，相互にメリットのあるホスピタリティのような行為が生み出す社会の存在が浮き彫りになる．

ホスピタリティは，他者を思いやる心がなければ実行することができない．山路はホスピタリティとは敵ではない他者を積極的に受け入れることであり，さらには敵を作らないことであると述べている（山路, 2010, 2020）．これは，まさにホスピタリティの根本的な概念を表わしている．他者の存在を意識する社会では，その社会で獲得するアイデンティティに影響があるのはいうまでもない．そのアイデンティティのもとで，われわれは行動を決定している．そして，その行動は他者の行動にも影響を与える．つまり，ホスピタリティを多くの経済主体が実行することで，文化そして社会へとその影響の範囲を広げていくことが可能になる．企業が提供するホスピタリティに留まらず，文化や社会に影響を与える「ホスピタリティ」をわれわれは議論しなくてはならない．

ホスピタリティは，1対1という場と相互関係が生み出すものである．サービス社会や経済に慣れていれば，このような概念には気がつかないのではないか．山本はこの部分をわれわれに指摘したかったのかもしれない．サービスもわれわれの行動を規定する役割を果たしているが，サービス自体がきちんと成り立っているかを考えなくてはならない．世の中にはサービスとして効率性を重視するあまり，非効率になってしまっている例が多く存在する．

サービスの本質である画一的で効率的という指摘は，現実の社会に照らし合わせれば理解しやすいであろう．例えば「ファスト・フード店に何を期待するか」という質問に，われわれはどのような答えを用意するであろうか．その答えは低価格であったり，提供されるためのスピードであったりするであろう．

ミクロ経済学のテキストにおけるシグナルの例では，旅行などで慣れない土地に赴いたときのチェーン店の存在の大きさが登場することがしばしばある．これはどの店が優良店か分からないときに，すでに店の品質を知っているチェーン店であれば，安心して入店することができるからである．

　また，提供されるサービスもある程度は一定であると期待することができるからである．なぜ，このような期待ができるのであろうか．それが，サービスの特徴である画一性を保証する「マニュアル」の存在である．マニュアルを利用すれば，すべての従業員が同じ行為を提供することができる．これがサービスの画一性につながるのである．マニュアルには遭遇する確率の高い事象がまとめられ，めったに遭遇しない事象は記載されない．山本は，サービスを不満の出ない最低限の行為の提供であると述べている（山本，2008）．効率性を重視すれば，マニュアルを利用し無駄のない行為が提供できるように指示をすればよい．この最低限と不満の出ないという点に着目すれば，サービスはマニュアルを充実させることで，より効率的なものへと進化していく．遭遇確率の高い事象，つまり多くの利用者が不満を抱く事象を捉え，トラブル・シューティングを行うことでマニュアルはより良いものへと改善されていく．ここでのサービスの問題点は，集団的視点での多数派を尊重する仕組みである．多くの利用者が共通して抱く提供されなければ不満となる要因をまとめ上げ，修正を繰り返すことで効率性と画一性を満たすことができるのである．したがって，ある特定の個人のみ，または少数の者が不満となる要因は遭遇確率が低い事象としてマニュアル化はされない．遭遇しにくい事象に含まれる重要な問題などは，サービスの効率性や画一性を阻害するものとみなされるかもしれない．

　サービスという効率性と画一性を求める行為において，主人が存在しないという山本の指摘については，サービス提供者が利用者の顔が見えていないと考えればよい（山本，2008）．すでに筆者が指摘をしたように，サービスは効率性と均一な行為を消費者に提供すればよい．そのような目標のもとで個別の消費者のニーズなどを拾い上げ，それらに応えようとすれば効率的な行為の提供が困難になる．また，消費者のニーズが前述のとおり多数派の意見であれば，マニュアルの修正で対応することができよう．しかし，少数派意見であればサービスには反映されない．

このような問題点を含めて山本は「社会イズム」と名付けて，われわれにサービスがもたらすマイナスの部分を強調する．山本によれば，社会イズムは社会主義とは異なる概念である（山本, 2008）．社会イズムとは，明確な意図などが存在しない社会的考え方である．サービスは，決められた枠組みの中で行動することで効率性を上昇させ，多くの利潤を獲得することができる．決められた枠組み，つまりマニュアルに依存することで，われわれは能動的に考えることなしに行動することができる．マニュアルに記載されている内容を把握し行動すれば，大抵の問題は回避できるからである．山本の主張はサービスというスピードや効率性の重視，最大多数に対しての最低限の行為の提供という目標に集中しすぎるあまり見失ってしまう，行為提供者の主体的行動が生み出すホスピタリティの重要性であるといってよい．

しかし，前述のサービスの特徴とは正反対の性質であるホスピタリティであるが，山本はサービスという行為のすべてをホスピタリティに変えるべきであると主張しているのではない．例えば，効率的な運営が求められる状況においてホスピタリティの提供を考えてみたい．山本はJRの自動改札を例に出している．山本は，新幹線改札が自動改札になっているにもかかわらず，利用客に切符などの取り忘れを注意したりする駅員が複数人配置されていることを見て，効率性の中に非効率性が同居する異様さに気が付いたのである（山本, 2008）．これは，自動改札によって効率的に改札業務が行えるようになったはずなのに，その傍らに特定の業務に従事する駅員がいるという矛盾である．本来自動改札で効率性の恩恵を受けるはずの駅員にとっては，非効率なものとなっているのである．このような状況を山本は，過剰なサービスであると指摘している．現在では，在来線において改札口に駅員が不在の駅や，無人駅も多くなった．当たり前であったサービスが無くなると，その当たり前の行為のありがたさをわれわれは実感する．

効率性や画一性の仕組みを構築できれば，サービスという行為の提供者は主体的に考えることなく，決められた行動のみを実行すればよいのであろうか．この主体性の欠如こそ，社会イズムが抱える問題なのである．サービスは他者との距離感を一定に保ち，いわばドライに接することで，大きな問題があっても見ないようにすることである．そのサービスの問題とは，サービス至上主義

になるあまり，他者との距離を置くことで個別の消費者の感情を理解しようと
しなくなることである．なぜならば，個別の消費者の感情を理解しようとすれ
ば，追加的な時間とコストが必要となる．マニュアルによって消費者の感情を
考えなくても良くなれば，最低限のサービスを最大多数の消費者に画一的に提
供することが可能となる．サービスを重視するあまり失ってしまうものは大き
いのではないだろうか．山本の他に山路も指摘する「敵ではない他者を積極的
に受け入れる」というホスピタリティの捉え方を用いるならば，サービスは敵
を作らないための方法を構築しているといえる(山路, 2010)．サービスには，サー
ビスの提供者と受容者との間に一定の距離感があり，他者との距離を保ちなが
ら効率性などの目的を達成しようとしているのではないだろうか．

6.5　ホスピタリティと経済学との共存

　さて，なぜ現実社会において非効率的なホスピタリティが存在できるのであ
ろうか．ホスピタリティは1人に対して多くの労力を必要とし，提供した行為
が相手に確実に高い満足を与えられるかどうかは分からない．それならばサー
ビスのように最低限の満足を保証し，効率的に多数の人々と接するサービスの
方が望ましいのではないか．ここで中込における社会的自我としての参照点の
議論を拡張してみよう．行動経済学は，この参照点依存型の意思決定について
の多くの実験結果を明らかにしてきた．この事実は，本書においてすでに述べ
てきたことではあるが，参照点依存型の意思決定方法は合理的に振る舞うこと
のできない人間の愚かさによるものなのであろうか．中込は，まず社会的自我
における継続的な参照点の存在を，さまざまな文脈の中での理性的で賢明な判
断になくてはならないものであると指摘する（中込, 2008）．これは，参照点と
して社会において客観的に自己を判断するための基準となるものである．われ
われは社会的な文脈を理性的に読み解き，意思決定を行う．そこには人間の認
知の独特な優越性があると中込は指摘する．
　この中込の指摘は，行動経済学で議論されるところの参照点依存型の意思決
定とは明らかに異なる意味を含ませている．それは，社会的文脈の中に生きる
人々の認知能力の可能性についてである．これは，筆者の経済学は人間学であ

るという問題意識の根底にも通ずるところであるが，中込は参照点に依存する意思決定があまりにも非合理的であれば，部分的に合理性を持ち合わせる人々との競争に負け，参照点依存の意思決定をやめるのではないかと指摘している．しかし，いまだに参照点に依存する意思決定の方法は存在し続けている．つまり，行動経済学が指摘する参照点依存型の意思決定パターンにおける「合理性とは何か」について考えるべきであると中込は主張する（中込，2008）．ホスピタリティも同様に，存在意義を考えるべきである．サービスのように効率性を重視すればホスピタリティも厳しい競争には勝てず，ホスピタリティは社会から消えてしまうかもしれない．

　しかし，ホスピタリティも社会において存在し続けている．この意味をわれわれはどのように捉えるべきなのであろうか．ホスピタリティは人間の認知能力をいかした行為であること，また他者の立場や視点に立ち，相手の真の要求を判断する他者理解としての側面も持ち合わせることはすでに述べたとおりである．ホスピタリティは相手を理解すればよいというわけでもない．われわれ自身がまず自己を認識しなくては，相手を理解できないのではないか．自己認識には，他者とともに作りだす社会の存在が不可欠である．その中で，参照点という社会的な自我を利用し，最適な行為を決定している．社会的自我の形成には，やはり他者の存在が不可欠である．つまりホスピタリティは社会的文脈を判断し，他者の存在を意識しながら意思決定を行えるような人々がいなければ成り立たないのである．ホスピタリティは，他者とともに生きる社会の重要性を再確認させてくれるものである．

　ホスピタリティは，敵ではない他者を積極的に受け入れるという視点のもとで行為を提供する，いわゆる利他的な行動ということになる．ところが，利他心にも 2 種類のタイプが考えられる．合理的利他と非合理的利他である（川越，2010）．合理的利他とは行為の提供者が計算に基づいて，利他的行動を行っていると考えるものであった．例えばリピーター獲得を達成したい一番の目的として捉え，サービス提供者が利他的な行動をとっているというものである．つまり，見返りを期待した計算どおりの利他的行動である．一方で非合理的な利他的行動とは，合理的な計算などに基づかず他者のための行動を実行するというものである．リピーターにつながるなどは結果であり，達成したい一番の目

的ではない．つまり，予想外の結果をもたらすということにも注目しなくては
ならないであろう．

6.6　サブカルチャーやオタク文化におけるホスピタリティ

　本書では，サブカルチャーやオタク文化の定義を「人々が共通して価値があ
ると認めている主流の文化であるメインの文化とは少し異なる，別の特徴や要
素を備える文化の総称」としていた．本節では，サブカルチャーやオタク文化
おけるホスピタリティの役割を示すこととしたい．

　現実社会がサービス至上主義であるなら，山本が指摘するような社会イズム
という理念のもとで「不特定多数の人々に不満の出ない行為」が日々提供され
ていることになる．われわれは，このサービスというものが多数派に対して無
難に満足を与えるであろうと考えられている財やサービスであるということ
に，注目せねばならない．もしも，ある財やサービスが市場で受け入れられて
ヒットしているのなら，それは不特定多数の人々のニーズに合致したわけであ
りブームにもなりうる．ここで，「どうしてブームになったのか」という視点
を導入する必要がある．

　市場に供給される財やサービスは，生産者である企業が綿密な需要に関する
マーケティングのもとで供給量を決定している．もちろん，その供給量が需要
に対して過少あるいは過多となることはしばしば見受けられる．その財やサー
ビスが市場に好意的に受け入れられた場合，消費者であるわれわれはそれらの
財やサービスを消費することで，高い効用を得ている．これは，大衆受けする
財やサービスを一方的に消費しているだけと解釈できる．つまり，ある程度成
熟した文化はサービスの様相を強く呈しており，物質的な豊かさは満たせるが
心の充足感は得られないものとなっているのではないだろうか．この点につい
て，さらに検討を加えたい．

　すでに長い歴史の中で多くの大衆にその価値を認められているハイカル
チャーを鑑賞するとき，われわれ鑑賞者は作者の制作意図や制作された当時の
歴史などの追加的な情報を踏まえつつ文化を消費する．舞台芸術などのパ
フォーミングアーツであれば，演出家の意図や演者のこだわり，原作との違い

を見抜こうとするかもしれない．このような文化消費の行動によって，消費者である鑑賞者と生産者であるアーティスト（クリエイター）にはどのような関係性が構築されるのだろうか．アーティストはテーマとなる内容を自分なりに解釈し，それを再構築することで，新しい芸術の形として表現しようとするであろう．しかし，すでに長い歴史を経て相応の価値を有している芸術分野に対して，アーティストが新しい表現の形を提示しても文化的な貢献度は少ない．それは，ハイカルチャーという文化的価値が世間的に認められていることによるものである．つまり，すでに多くの人がその価値を認めているものについて，新しいプラスアルファの付加価値をアーティストが提案したとしても，その貢献度は少ないのではないか．もちろん，この議論はハイカルチャーという文化の中で，自己を表現するアーティストの活動そのものを否定しているわけではない．

　一方で文化を消費する鑑賞者は，ハイカルチャーを消費することで感性を豊かにすることができる．加えて，日常生活への活力にもなりうる．しかし，これらの文化を消費して自己の中に文化の正の効用を得たとしても，一般の人々が「文化を創造する」という段階には進まない．スロスビーが指摘するように，文化には経済的価値あるいは文化的価値の2つの性格がある（スロスビー，2002）．文化を生み出すことができる人たちは，創造的な感性を持つ合わせる必要があると思われるが，特にハイカルチャーに関しては，文化に触れることで自分自身も文化を創造していくという意思決定ができる存在は限られている．このような場合，ハイカルチャーを消費する人たちは心の充足を求めて，余暇の1つの形として文化を消費する．このハイカルチャーという文化の供給と文化消費の関係を見てみると，文化の消費者が文化を創造するという余地が少ないことに気が付く．つまり，ハイカルチャーは文化の消費者に対して，一方向的に近い形で文化を供給しているという見方ができよう．

　ハイカルチャーは消費する際に知識や教養があれば，より深くその文化を嗜むことができるが，教養を有していなくても文化そのものは消費することができる．これは，文化に対して誰でもアクセスが自由であるべきという前提によるものであるが，文化を消費することによって受け取る情報量や感動などの差として，知識や教養の有無が影響する．しかし，教養等の有無により文化の消

費における満足度の高低はあるものの，ハイカルチャーは消費できる場に人々が参加することができれば，不特定多数の人々に文化を供給できる可能性を持ち合わせている．つまり，ハイカルチャーはこれまで議論したところでいう，「サービス」の性質が含まれているといえるのである．

　しかし，ハイカルチャーにサービスの傾向が含まれているといっても，サービスに付随する経済的な要素がハイカルチャーにも備わっているということを筆者は主張しているのではない．芸術文化と経済は相容れない関係であるというのは，多くの文化経済学者にとって周知の事実であるからである．前提知識の有無にかかわらず文化に触れることができるということ，文化を消費したあとに生じる創作欲求が既存の文化に与える影響という点で，ハイカルチャーとサービスは類似しているという意味である．われわれがサービスを消費するとき，山本はサービスは消費者の顔が見えないという点と，サービスは引き算の論理で組み立てられることを指摘した（山本，2008）．この引き算という指摘は，多くの消費者に最低限の不満が出ない水準のサービスを提供するということに関連している．見方を変えれば，当該の文化に触れることで最低限の文化的価値や感動を享受させることができるともいえる．しかし，文化やアーティスト，消費者との距離感はどうであろうか．文化の価値が広く人々に認知されている文化であればあるほど，新しい文化を生み出しにくく文化を消費するという側面が強くなる．そうなると，文化と消費者との距離は遠くなるのである．

6.7　サブカルチャーとサービスとの異なる性格

　しかし，サブカルチャーはサービスとは異なる様相を呈している．一見すると，サブカルチャーこそサービスの特色を強く反映している文化であると思われるかもしれない．池上らが指摘するように，サブカルチャーは通常の市場における財やサービスと同様に消費される（池上・植木・福原，1998）．いわゆる私的財と同一の消費がなされるわけであるが，消費のされ方ではなく文化との距離感という点では，ハイカルチャーとサブカルチャーは大きく異なっている．そもそもサブカルチャーやオタク文化は，広くかつ深く文化が形成されたものであり，個人の趣味や嗜好性が色濃く反映された文化であるといえる．そのた

め，誰でも気軽にアクセスできるという点はあるものの，文化の入口としては
消費者を選ぶ可能性がある．ハイカルチャーでは文化を享受するための知識や
教養が必要となる．美術館や演劇，コンサートなどの芸術文化を観賞するため
には入場料などの費用が参入障壁となりうる．一方でサブカルチャーでは，マ
ニアックさやアンダーグラウンド感が参入障壁となりうるであろう．しかし，
個人的な嗜好性と合致する財やサービスを見つけることは，大量に消費される，
あるいは多くの人が良いと思う財やサービスを消費するという行動とは異なっ
たものである．そして，生み出されて歴史が浅いサブカルチャーやオタク文化
であればあるほど，その文化を消費する人たちも少なく，アーティストやクリ
エイターとの距離感も近いはずである．

　例えば，まだ小規模のライブハウスなどで活動していたバンドやアイドルが
いるとしよう．ファンが少ないときは，会場での物理的距離感も近く，応援す
る声が推しのメンバーにも届いているという実感が得られやすい．しかし，人
気が出てきてライブ会場が広くなっていくと，ファンの数も増えていき自分の
応援が本人に届いているという実感を得られにくくなり，満足度も低下してい
く．消費する対象がメジャーな存在になればなるほど，この傾向は強くなる．
これは，文化がまだ誕生したばかりの頃にも当てはまる．多くの文化の最初は，
一部の人たちで共有される考え方や価値観を反映したものであったのではない
だろうか．それが徐々に人々に広まり共感され，多くの人たちが価値を認める
文化となる．しかし，最初の賛同者が少ない状況では文化を共有している人た
ちの数が少ないため，文化を消費する人たちや文化を生む出す人たちとの距離
感も近く，関係性も強く濃い．つまり，ホスピタリティと共通の双方向性の関
係が文化消費者，文化供給者との間に成立しうるのである．

　不特定多数の人が価値を認めるハイカルチャーではなく，メインの文化とは
少し異なる性格のサブカルチャーなどには，多くの人々には理解しにくい表現
や作品が散見される．サブカルチャーの中には，倫理的に望ましくない価値観
や作品などが含まれることがある．しかし，すべてのサブカルチャーが社会的
に不適切であるというわけでもない．この先入観を取り払い，文化と人々との
距離感や社会におけるサブカルチャーの存在意義という視点から捉え直すと，
現代社会においてプライベートが重視される価値観と，サブカルチャーとの親

和性の高さが浮き彫りとなる．文化の起点がサブカルチャーであるとすれば，人々の共感によってその文化が普及し大衆文化へと歩みを進めていく．そして，そこに高い芸術性や歴史を経た文化としての重みが付加されることで，ハイカルチャーへと昇華する．その文化のダイナミズムに影響を与えるのが，ホスピタリティなのである．

　文化におけるホスピタリティの役割は，文化の消費者同士や生産者を双方向でつなぐことである．そして，自己の価値観にフィットするサブカルチャーを消費することで，高い効用を得るだけではない．文化を消費する人たちが少なければ，自己の価値観や新しい発想を文化に反映させることも可能となる．文化を自らも創造できる余地がサブカルチャーには多く含まれているのである．この文化への参加意識と文化消費による高い満足感の背景には，ホスピタリティが機能しているといえる．一方で，この文化に対して多くの人たちが参入してくると，文化を消費する人たち同士の繋がりが複雑かつ希薄となる．加えて，文化に貢献しようと創作活動をしても当該文化には影響を与えにくくなり，文化を主として供給しているアーティストやクリエイターとの関係性も薄れていく．一方で，多くの人々を惹きつける文化としての役割へとシフトしていくことで，サブカルチャーという概念では捉えることができなくなる．そして「文化」として人々に認知されていけばいくほど，人々の文化を消費するという側面が強くなり，サービスに似た性格へと変容していくのである．

　ホスピタリティは単に敵ではない他者を 慮 る行動をとるというだけでなく，人と人とをつなぎ文化を紡ぐ要素でもあるのである．そのため文化の誕生や発展，衰退にも大きく関わる．文化の誕生や普及の段階ではホスピタリティは強いが，文化の発展や成熟とともにホスピタリティは薄れ，サービスと似た要素が強くなる．そして，不特定多数の人々に対して一定の効用を文化の消費によって与える．一方で既存の文化では満足しない人々は新しい価値観を生み出し，新たにサブカルチャーを生み出していく．これが文化のダイナミズムであり，その中核をホスピタリティが担っているのである．

6.8 小さな物語とホスピタリティ，サービスと大きな物語

　文化を紡ぐ際にも重要な役割を担う，ホスピタリティの提供という非合理的な意思決定は，これまでに行動経済学が指摘した参照点による近視眼的な意思決定とは異なるものであるといえる．ホスピタリティが非合理的である理由は明確である．まず，供給者と消費者が1対1の関係が前提であるため，1度に多くの人々を相手にはできないからである．そして，必ずしも高い効用を他者に与えられるものでもない．さらに，ホスピタリティの提供には多くの労力を必要とするからである．

　しかし，ホスピタリティはその場しのぎによる提供でもない．特別な関係として，相手や他者と接するからである．むしろ，サービスの方が効率的にその場をしのいでいるのかもしれない．ホスピタリティは心地の良い空間や時間を生みだすことで，継続的な関係性も構築できる．これからわれわれは参照点として社会的自我を利用し，相手の真の要求をさまざまな文脈の中から汲み取る人間の認知能力として，ホスピタリティとその存在意義を考えなくてはならないであろう．

　コンテンツ消費論の研究分野では，小さな物語と大きな物語という対比で現代社会におけるコンテンツの質的変化が議論されることがある．大塚たちが注目した社会における絶対的な価値観が強く反映される大きな物語が，個人の価値観が許容される社会になるについて機能不全を起こすのである（大塚, 2004）．その代わりとして，現代の社会では個人の価値観が反映される小さな物語が台頭してきた．そして，この小さな物語は近しい価値観を持つ者同士で島宇宙と呼ばれる集団を形成する．島宇宙の内部では，共通の価値観である小さな物語に基づいて関係性が構築される．一方で，島宇宙の周りには別の価値観に基づいて形成された島宇宙が無数に存在していることになる．島宇宙同士は価値観が異なるため集団同士が連結することはないが，島宇宙全体ではコンテンツの種類や財の種類などのカテゴリーによって緩い結びつきを有している．コンテンツは岡田が指摘した進化した視覚論なども駆使して消費されるため，同一のコンテンツであっても消費者が夢中になるポイントが異なる．

この消費に対するこだわりが小さな物語を紡ぎ，個人の価値観に影響を与える．つまり，コンテンツ市場において一部のコンテンツを除いては，不特定多数の人々に受け入れられることを期待して供給しても，うまくいかない可能性が高い．それは，現代社会において多くの人々が共通して認識している価値観が，絶対的なものではなくなったからである．

しかし，小さな物語によって生み出された島宇宙も多くの人々に共感されることで，小さな物語の性格が変化する可能性がある．少数の集団であったときは互いにホスピタリティを実行できる関係性であったであろうが，島宇宙に参加者が増加するにつれて，参加者同士の関係性が希薄になっていく．集団を形成するための重要な役割であった小さな物語は，多くの人々にとっても無くてはならないものであると認識される．そうなると，小さな物語は大きな物語へと役割が移行する．大きな物語は，不特定多数の人たちの価値観に訴えかけることで効用を与える．つまり，大きな物語はサービスの性質を有するといえる．これは，いわゆる市場のトレンドについて議論していると思われるかもしれないが，文化におけるダイナミズムについての1つの解釈でもある．

注
1） 本章における議論の中心は，スミスの同感原理における現実妥当性を検討するものではない．しかし，われわれが有する他者に対する偏見などによって，スミスの同感原理を実行できないならば，ホスピタリティの存在はこの点において有効な解決策となりうる可能性がある．
2） 米林訳（1969）では同情と訳されている部分が，本書における共感と一致する部分である．
3） 米林訳『道徳情操論』（上）（1969）『道徳情操論』（下）（1970）の目次は以下のとおりである．
　　第一部，行為の道徳的適正について
　　　　第一篇，道徳的適正感について
　　　　第二篇，道徳的適正に矛盾しない諸種の情感の程度について
　　　　第三篇，行為の道徳的適正に関する人々の判断に及ぼす繁栄と逆境との影響について，一方の状態にあるときのほうが他の状態にあるときよりも人々の是認をえやすいのは何故か，ということについて
　　第二部，功績と罪過とについて，あるいは褒賞と処罰との対象について
　　　　第一篇，功績と罪過の感覚について

　　　　第二篇，正義と仁恵について
　　　　第三篇，行為の功績または罪過に関して人類の情操に及ぼす偶然の運の影
　　　　　　　響について
　　第三部，自分自身の情操と行為に関するわれわれの判断の基礎について，ならびに
　　　　　義務の感覚について（以上，上巻）
　　第四部，是認の情操に及ぼす効用性の影響について
　　第五部，是認ならびに否認の情操に及ぼす慣習と流行の影響について
　　第六部，有徳の性格について
　　　　第一編，当人自身の幸福だけに作用を及ぼす個人の性格について，あるい
　　　　　　　は慎慮について
　　　　第二篇，他の人々の幸福だけに影響を及ぼすことの出来る個人の性格につ
　　　　　　　いて
　　　　第四篇，自己統制について
　　第七部，道徳哲学の諸学説について
　　　　第一篇，道徳情操論において検討すべき諸問題について
　　　　第二篇，美徳の性質に関して従来試みられた諸種の説明について
　　　　第三篇，是認の原理に関して樹立せられた諸種の学説について
　　　　第四篇，美徳を実践する場合の諸原則に対する種々の学者の取り扱い方に
　　　　　　　ついて
4）　石井（1971b）では慎慮，正義，仁恵，自制の4つの徳として議論がなされている．
　　本章では倫理的基礎である慎慮，正義，仁恵の徳とそれを支える自制の徳とを分けて
　　議論することとしたい．

参考文献

池上惇・植木浩・福原義春編（1998）『文化経済学』有斐閣〔有斐閣ブックス〕．
石井信之（1971a）「アダム・スミス『道徳感情論』の研究（1）」『青山経済論集』23(2)
　　15–35.
石井信之（1971b）「アダム・スミス『道徳感情論』の研究（2）」23(3) 76–94.
Vignemont, F. and Singer, T. (2006) "The empathic brain: how, when, and why?." *TREND*
　　in Cognitive Science, 10, 435–441.
ウェダンタム, S. 著, 渡会圭子訳（2011）『隠れた脳――好み，道徳，市場，集団を操る
　　無意識の科学――』インターシフト社.
大塚英志（2004）『「おたく」の精神史――一九八〇年代論――』講談社.
スミス, A. 著, 米林富男訳（1969）『道徳情操論（上）』未来社.
スミス, A. 著, 米林富男訳（1970）『道徳情操論（下）』未来社.
スロスビー, D. 著, 中谷武雄・後藤和子監訳（2002）『文化経済学入門――創造性の探求
　　から都市再生まで――』日本経済新聞社.
中込正樹（2008）『経済学の新しい認知科学的基礎――行動経済学からエマージェンティ

ストの認知経済学へ──』創文社.

山路顕（2020）『現代ホスピタリティ論──その原義から現代的意味を読み解く──』唯
　　学書房.

山本哲士（2008）『新版ホスピタリティ原論──哲学と経済の新設計──』文化科学高等
　　研究院出版局.

7 章

ホスピタリティと主体的行動の意義

7.1 コンテンツツーリズムと他者の価値観の許容
──社会的文脈を創り，文脈を読む関係性──

サブカルチャーやオタク文化といったコンテンツ文化には，多様な価値観が反映され，ファンも自己の価値観に合うコンテンツを日々消費している．その消費を起点とし，ファン同士が結びつきコミュニティが形成されることがある．この場合，自己の価値観に近しい関係のコミュニティが形成されるが，近年の情報技術の進歩により本来ならば出会うはずのなかった他者と関係性を構築することが容易になった．

一方で，コンテンツツーリズムでは上述の他者との出会いとは少し異なる点がある．コンテンツが他者との関係性構築の起点となるのは共通であるが，出会う可能性のある他者は必ずしも自己の価値観と一致しているというわけではないからである．コンテンツツーリズムでは作中に登場した舞台が聖地化し，オタクやファンたちは旅行行動を起こす．そして，コンテンツツーリズムの聖地となった地域側では，地域住民全員がアニメファンやアニメオタクの価値観をすべて許容しているというのは無理があるからである．本章では，他者の価値観の受け入れる（許容する）ことを手助けするホスピタリティについて，その有効性を検討することとしたい．

7.2 意味を紡ぐコンテンツ消費
──妄想と物語の創造──

経済学において，心理学の要素を取り入れた分野として行動経済学が挙げられることは，すでに前章までで述べた．行動経済学は，われわれ人間が経済学

の想定するような合理的経済人とは異なり，合理的な部分は持ちつつも，非合理的な部分も同時に持ち合わせている限定合理的な存在であると定義していた（中込，2008; 真壁，2011; 依田・岡田編，2019）．

　行動経済学の研究も，最近では政策（経済政策よりもターゲットが個人のもの）への応用可能性も議論されており，限定合理的な人間を望ましい方向に導く現実的な議論も行われている．この政策提言に使用されている行動経済学の理論がナッジ（本書の2章を参照）である（依田・石原，2019）．

　ナッジはセイラーらが，他者に伝えたいメッセージや期待される行動の変化について，その存在をわれわれに強く意識させなくても意思決定に大きく作用することを示した（セイラー＆サンスティーン，2009）．行動経済学を用いた研究としては，ナッジをさまざまな場面に応用できるかどうかを検討し，その効果を実証するというケースが多い．

　例えば，健康という「望ましい状況」は誰しも希望する理想の状況である．しかし，現実では運動不足や不摂生などが重なり不健康な状況になっている場合も少なくない．このような状況を改善するために，スポーツクラブやジムへの入会を想定した行動経済学の事例は多い．しかし，依田らは会員に定期的な運動（ジムの利用など）を促すためには，入会金の一部を一定数以上の利用回数があった場合に，入会して数か月後にキャッシュバックするような仕組みでは不十分であると指摘する（依田・石原，2019）．そのキャッシュバック後に，ジムを利用しなくなるなどの意思決定の変更がなされるからである．ここで重要となるのは，金銭的な報酬では一時的にわれわれの意思決定に効果はあるが，その効果が長続きしないということである．

　加えて，依田らは運動したという個人の情報を他者が評価するという，個別のフィードバックが効果的であったと指摘している（依田・石原，2019）．この指摘は，ナッジという概念がスマートフォンのアプリケーションなどを通じて情報の一部として融合し，望ましい意思決定を継続させる意味を有していると解釈できる．つまり，ナッジ研究の初期で議論がなされていたイラストなどを用いたわれわれが意味を汲み取りやすいナッジから，イラストなどではなく情報を通じた他者との交流という意思決定の仕組みに，ナッジが組み込まれるところまで研究が発展しているといえる．

これらの研究から浮かび上がってくるのは，自己と他者という関係性の認識が意思決定に大きく作用しているということである．さまざまな現実社会における場面において，他者の存在は変化していくが，本質的な自己と他者との関係性は変化がない．また，この関係性は必ずしも金銭的な取引が行われなくても成立しうる．前述の運動実績のフィードバックであれば，そのフィードバックしてくれる他者は，フィードバックする相手のことをどの程度理解しているかも疑問である．しかし，個人的にフィードバックを受け取ることで，誰かかが自己の努力を評価してくれているという感情が芽生え，運動を続けることができる．この他者の存在を意識することそのものが，ナッジとして機能しているのである．さらに，フィードバックを行う側も他者の存在を自己の一部として，つまり自己の中に他者の存在を許容して，行動に対する評価を行っていると解釈できる．これは，自己の関心が及ぶ範囲を拡大しているといえ，相互関係性の構築には不可欠なものである．

　このナッジという理論は，経済的な意思決定のみならず文化的消費，金銭を伴わない意思決定などにも広く応用可能である．そして，ナッジは望ましくない意思決定にわれわれを無意識的に導く可能性も指摘されてはいるが（真壁，2011），適切にナッジをデザインすれば，多様な場面や学問分野に応用が可能となる．本章ではナッジの応用研究として，筆者が行った実験内容を別の視点から再検討することにしたい[1]．具体的には，被験者に提示する条件が異なる場合における前頭葉眼窩野の賦活程度の違いから，実験室内においてナッジの効果が機能していたかどうかについて検討を行うものである．さらに，ナッジによる効果が被験者にどの程度影響を与えていたかどうかについても，議論を行いたい．

【実験のねらい】

　本実験のねらいは，ホスピタリティという社会的文脈をわれわれがどのように認知し，意思決定へとつなげているか検討することである．開・長谷川編（2009）における「ソーシャルブレインズ論」によれば，前頭葉眼窩野は他者の行為の意図や背景的事情を汲み取るための重要な役割を担っている．この他者の行動の意図と社会的文脈は密接に関係している．つまりこの実験は，被験者

が社会的文脈（ここでは，ホスピタリティ）を認識し，それが次の行動や意思決定に影響を与えるか検討するものである．もし，被験者たちがホスピタリティを与えた実験でその内容や意図という社会的文脈を認知しようとした場合，前頭葉や前頭葉眼窩野は，ホスピタリティを与えていない被験者たちよりもタスクが複雑になるため活性度が低くなると予想される．また，ホスピタリティを与えた群はその後の意思決定にも差が生じるのではないだろうか．

7.3　タスクデザインと分析方法

7.3.1　被験者と実験にあたっての注意事項
　タスクデザインおよび実験の実施に関する詳細については，次のとおりである．被験者は大学生28名（19–21歳）で，男女14名ずつ，全員右利きである．実験にあたって，実施は所属先での倫理審査委員会が定める採取したデータや個人情報の取り扱いに関する説明を行い，本実験で使用する計測装置の安全性および採取したデータの分析方法の説明も行った．そして，本実験の実施手順や実験の概略に対して同意が得られた場合のみ，実験承諾書にサインをしてもらった．なお，実験の参加は被験者の意思を尊重し，実験の途中であっても実験の取りやめが可能であるということもあわせて確認した．実験当日は実験の実施の可否にかかわらず，被験者には実験開始の2時間前までに食事を済ませること，カフェインの摂取を避けるように事前に伝えた．

7.3.2　タスクデザイン
　実験に参加することに同意した被験者は，実験者によるくじ引きによりタスクAかタスクBのいずれかの実験を行う．そのため，タスク間での被験者数が均等になるように28人分（タスクA：14人，タスクB：14人）のくじをあらかじめ準備をした．なお，タスク間での性別比は考慮していない．
　計測装置は前頭葉の計測に特化したSpectratech社製のOEG-SpO$_2$を使用し，サンプリングレートは，Fastモードの6.10Hzでの計測を実施した．実験は次の手順と内容で行われた．

① 被験者には，額部分にヘッドバンドを装着し，センサーのチェックを行う．ヘッドバンドは額に添うように慎重に装着し，目視にてズレや浮きなどが無いかチェックをする．OEG-SpO$_2$において計測可能な前頭葉の16か所（16チャンネル）のすべてのセンサーが計測可能であることをセンサーのキャリブレーションで確認した後，実験者と次のやり取りを行う．

② くじ引きによって，タスクA（統制群）を行うことになった被験者には，「あなたが最も好きなものの画像を1枚，インターネットから探してほしい」と伝えて，インターネットに接続可能なノートパソコンから画像を1枚選んでもらう．実験者は被験者の視界に入らないところに移動をする．

タスクB（実験群）を実施する被験者には，実験者がインターネットに接続可能なノートパソコンを使用し，被験者と会話をしながら「被験者が好みそうな画像」1枚を実験者が選択する．タスクAとタスクBともに画像の内容そのものについては，特に制限を設けていない．なお，タスクの試行回数もあらかじめ被験者には伝えてある．

タスクデザインの修正の後，実験開始となる．計測中は椅子に深く腰掛けてもらい，瞬きは良いがなるべく頸部を動かさないように指示をした．そのため，計測用のノートパソコンの画面もあらかじめ被験者が見やすいように被験者自身に調整をしてもらった．

③ 計測を開始すると，黒の背景に白字の十字が画面中央に表示される（10秒間）．これは，脳を安静にさせる効果を期待したものである．

④ 次に，指示文として3秒間「次の画像を鑑賞してください」と表示がされる．

⑤ タスクAの場合は，「被験者自身が選んだ画像」が10秒間表示される．タスクBの場合は，「実験者が選んだ被験者が好むと予想した画像」が10秒間表示される．なお，被験者にはこの画像を鑑賞する際に何も考えずに画像を鑑賞することを避けるために，画像が表示されているときに何を考えたのかを実験後に回答してもらうことを伝えてある．この表示される画像の意図の違いが，統制群と実験群において異なる部分となる．

⑥ 画像を鑑賞した後，2秒間黒の画面が表示され，その後画面には「満足しましたか？」という質問が5秒間表示される．被験者が画像に満足し

た場合は，テンキーの1を，不満足の場合はテンキーの2を押してもらう．それぞれのキーを押下した回数はカウントしているが，その行為に重要な意味は持たせておらず，画像を鑑賞するだけでは被験者が実験中に飽きてしまうことを避ける意味合いの方が強い．

この「満足しましたか？」という質問事項は抽象的であったので，実験タスクと流れを説明する際に被験者に対して，提示される画像に満足しっかりと鑑賞することができたかどうか．そのとき考えた内容を他者に発信したいかという意味で解釈をしてほしいと補足した（SNSなどで発信することを想定）．この質問の内容については，あえて複数の意味で解釈が可能なようにデザインをしている．タスクデザインは，図7-1のとおりである．

⑦ 満足したかどうかの質問の後，休息（レスト）として3秒間黒い画面が表示され，④の指示文に戻る．次に表示される画像も同じものである．これを3回繰り返す．

⑧ 計測終了後，ヘッドバンドを外し被験者には簡単なインタビューを行った．インタビューした内容は，画像を鑑賞したときにどのようなことを考えたのかということである．これは，タスクB（実験群）を実施した被

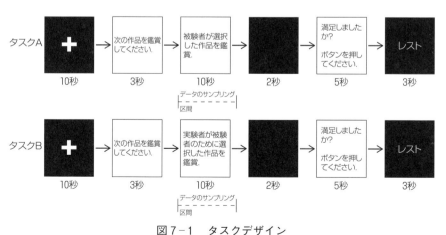

図7-1　タスクデザイン

出所：筆者作成．

験者には表示された画像の意味や実験の意図も含めた質問である．加えて，満足したかどうか意思表示をするテンキーの１を押下した場合には，どのような意図があったのかという２点について，主に質問をした．

7.3.3　データの採取および分析方法とその意図

本実験では，次の箇所からデータをサンプリング可能である．まずは，画像を鑑賞した10秒間についてである．次に，満足したかどうか意思表示をしてもらう５秒間についてである．そのほかにも画像鑑賞後の２秒間や，レストの３秒間もデータの計測時間は短いものの十分なデータを採取することが可能である．しかし，データにおけるサンプリングの妥当性の観点から，今回は画像を鑑賞してもらう10秒間からデータを採取することにした．

使用した計測機器のSpectratech製のOEG-SpO$_2$は１度の計測で，オキシヘモグロビン変化，デオキシヘモグロビン変化およびオキシヘモグロビンとデオキシヘモグロビン変化の総和（いずれも単位はmM・mm）を記録できる．加えて，見かけの酸素飽和度も計測可能であるが，今回も牧（2016, 2019）と同じくオキシヘモグロビン変化を分析対象とした[3]．

本実験は，タスクAとタスクBでそれぞれ14名ずつデータを計測しているので，データをサンプリングする前にそれらを加算平均する．加算平均の後，データをサンプリングする箇所からExcelのRAND関数で発生させた乱数を用いて，該当した40データをランダムサンプリングした．

データのサンプリング箇所は，上述のとおり被験者が画像を鑑賞している時間の10秒間である．実験では３回同じ画像を鑑賞しているので合計30秒分のデータが採取可能となる．牧（2016）などでは，３回の試行のうち最初の試行は被験者が実験に慣れていない，緊張している可能性があることから分析対象とはせず，２回目および３回目の試行から無作為に40データをランダムサンプリングしていた．

一方で，牧（2019）では，１回目の試行にも重要な意味が含まれている可能性があるとして，３回すべての試行から無作為に40データを抽出した．１回目の試行を分析対象としても，タスク間の平均値の差が統計的に有意であったため，今回も１回目の試行もランダムサンプリングの区間に含めた．

本研究で注目したいのは，この実験の「被験者に画像を鑑賞せよ」という指示において，その指示の意味を被験者がどのように解釈して画像を鑑賞したのかということである．事前に，実験後にどのようなことを画像鑑賞中に考えたのか質問をするという指示がなされていたとしても，被験者にはどのような画像が実験中に表示されるかは分からない．1回目の試行で初めて統制群のタスクAを実施する被験者には，インターネットから画像を選択した意味が分かるであろうし，実験群であるタスクBを実施する被験者には画像そのものが初見となるため，1回目の画像を鑑賞する状況が大きく異なる．この違いは，実験結果に大きく影響を与える要因となる．

　タスクAを実施した被験者は，タスクの指示文が提示され鑑賞する画像が表示されると，被験者自身が数分前に選択した画像であるということは瞬時に判断ができる．そして，このタスクは10秒間提示されている画像を鑑賞し，その画像から読み取れる情報や連想される情報を見つけ出すという一種の「クイズ」に取り組んでもらうものであると解釈できる．画像は被験者ごとに1種類のみを繰り返し（3回）鑑賞してもらうので，1回目では鑑賞するための時間が足りなくなってしまっても2回目，3回目でその「クイズ」の続きを行えばよいわけである．

　しかし，タスクBを実施した被験者は上述のタスクAの被験者とは大きく異なる点がある．それは，1回目に提示される画像の意味についてである．被験者にとって，提示される画像自体も初めて見るというケースもありうる．しかし，被験者は画像自体が初見であったとしても，提示されている画像は自分自身に関心のあるテーマの画像であり，その選ばれた画像は数分前の実験者との会話がもとになっているのではないかと判断するかもしれない．つまり，タスクBは「クイズ」としての文脈が複雑になっているのである．特に1回目の画像を提示して10秒間の鑑賞時間では文脈の判断と画像の鑑賞というダブルタスクになるため，脳には大きな負担が掛かる．しかし，タスクAと同様に，提示される画像は被験者ごとに1種類のみであるため，2回目および3回目の画像鑑賞時には純粋にその画像から読み取れる情報や連想される情報を推測する実験に臨めているのではないか．

　今回はこのような視点から本実験内容を分析するために，タスクAおよびタ

スクBの画像を被験者に鑑賞をしてもらっているときの，1回目，2回目そして3回目をそれぞれ個別にデータ分析を行う．

　予想される分析結果としては，タスクAとタスクBを比較した際では前頭葉のオキシヘモグロビン変化の大きさは，タスクA＞タスクBとなることが予想される．3回の画像鑑賞に関しては，タスクAが1回目＜2回目≦3回目となり，タスクBが1回目＞2回目＞3回目となるという予想ができる．タスクAは，画像から読み取れる情報はタスクが繰り返されるごとに増加していくと考えられるが，同一の画像を繰り返し鑑賞するので読み取れる情報は限られてしまう．そのため，2回目と3回目の試行がオキシヘモグロビン変化においてはピークになると予想される．

　一方でタスクBは，被験者は1回目の画像が提示されたとき，提示された画像を鑑賞することに加え，どうしてこの画像が提示されたのかという文脈を読み取ろうとする可能性がある．この後者の要因は，実験では指示されていないのであるが被験者が置かれている社会的文脈的には十分に考えうることである．これは，実験者の意図を推測し行動するというナッジとしての役割を持つ．このように，被験者が実験内で仮説どおりの行動をとるとき，最も複雑にタスクをこなすのは3回の画像提示の中で1回目であろう．このタスク内で含まれている意味や意図の複雑さは，前頭葉の活性化に影響するはずである．その場合，タスクBにおいては1回目の画像提示の際に最も前頭葉が活性化するはずである．

7.4　分析結果と解釈

7.4.1　分析の結果

　計測した前頭葉はダマシオによると理性と感情のマッチングの役割を担う，われわれにとって重要な脳の部位である（ダマシオ，2005）．また，前頭葉眼窩野はヒトが他者の行動の意図を読み取ることや，社会的文脈の判断および他者への共感に関係している脳の部位でもある（開・長谷川編，2009）．

　前節のとおり実験結果を分析した結果は，タスクAの1回目とタスクBの1回目，タスクAの3回目とタスクBの3回目における画像提示のオキシヘモグ

ロビン変化の平均値の差はt検定の結果，計測した全16か所において統計的に有意であった（$p<0.01$，両側検定）．タスクAの2回目とタスクBの2回目については，前頭葉眼窩野に該当するCH.3およびCH.15を除く計測した14か所において，平均値の差が統計的に有意であった（$p<0.01$，両側検定）．各タスクの平均値については，**表7-1**および**表7-2**を参照されたい．

また，今回は主たる議論とはしないが被験者がボタンを押した回数の平均値については，タスクAが2.85回，タスクBが2.14回となり，t検定の結果はこの平均値の差も統計的に有意であった（$p<0.05$）．

表7-1　サンプリングした16か所のタスクごとの平均値

分析したタスクの箇所（計測した前頭葉の16か所）	オキシヘモグロビン変化の平均値（mM・mm）
タスクA（1回目）	−0.0353
タスクB（1回目）	0.0908
タスクA（2回目）	0.0319
タスクB（2回目）	0.1640
タスクA（3回目）	0.1208
タスクB（3回目）	0.2102

出所：筆者作成.

表7-2　サンプリングした前頭葉眼窩野の4か所のタスクごとの平均値前頭葉眼窩野の4か所のタスクごとの平均値

分析したタスクの箇所（前頭葉眼窩野に該当する4か所）	オキシヘモグロビン変化の平均値（mM・mm）
タスクA（1回目）	−0.0134
タスクB（1回目）	0.1556
タスクA（2回目）	0.0828
タスクB（2回目）	0.2286
タスクA（3回目）	0.1786
タスクB（3回目）	0.2828

出所：筆者作成.

図7-2　前頭葉のオキシヘモグロビン変化（タスク1回目）

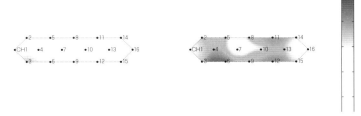

図7-3　前頭葉のオキシヘモグロビン変化（タスク2回目）

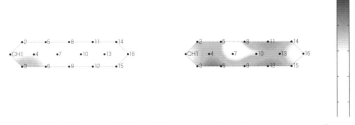

図7-4　前頭葉のオキシヘモグロビン変化（タスク3回目）

　また，図7-2，図7-3および図7-4はタスクAの被験者14名とタスクBの被験者14人の実験結果を加算平均し，画像鑑賞時のオキシヘモグロビン変化の典型的な差を示している[4]．概ね，表7-1と表7-2で示した傾向と一致していることが分かる[5]．

7.4.2 分析結果の解釈

次に分析結果から得られた知見をもとに，議論を展開することにしたい．分析結果は，7.3.3で筆者が予想した仮説とは異なる結果となった．仮説と異なった点は，以下のとおりである．

① タスクAとタスクBでは，タスクBの方が全試行において前頭葉の活性度が高くなった．

② タスクAでは，オキシヘモグロビン変化の大きさが，1回目＜2回目＜3回目と回数を増すごとに増加傾向となった．

③ タスクBでは，2回目の画像提示以降のオキシヘモグロビン変化はわずかとなった．また，2回目の試行においては前頭葉眼窩野に該当する2か所におけるオキシヘモグロビン変化の平均値の差に，統計的な有意差は見られなかった．

特に③については，筆者はタスクAで予想していた結果がタスクBでその傾向が確認されることとなった．今回得られた分析結果の含意について，実験後に行った被験者へのインタビューから議論のヒントを得ることにしたい．

タスクBの方が前頭葉の活性化および前頭葉眼窩野の活性化が高かった原因は，タスクデザインによるものと推測される．これは，予想どおり被験者が置かれている社会的文脈の判断が影響したものと推測される．特に1回目の試行における提示された画像の鑑賞だけではなく，提示された画像に付随して実験者の意図を推測するというタスク外の行動により，タスクBでは被験者らの前頭葉の特に眼窩野の賦活の違いとして現れた．この点はインタビュー調査で，被験者に1回目の画像が提示されたときにどのようなことを考えたかという質問に対し，タスクAに取り組んだ被験者たちは「画像から読み取れる内容を探す」というタスクの指示どおりに捉えた被験者が多かった．一方でタスクBでは，「画像から読み取れる内容を探す」ことに加えて，「この画像は数分前の会話の内容が反映されたものである」ということに気が付いたという被験者が多数であった．

加えて2回目の試行においては，タスクの違いにもかかわらず，前頭葉眼窩

野に該当する計測箇所のCH.3とCH.15（額の下側の左右）の計測結果は，t検定により統計的には有意な差ではないことが明らかとなった．この結果は，むしろ2回目の試行においては前頭葉眼窩野の一部はタスクの内容に影響を受けず，ともに活性化したと解釈できる．それ以外のタスクにおいては，タスクBの方がオキシヘモグロビン変化の程度は大きく，前頭葉が活性化したことが分かる．開・長谷川らが指摘するように，前頭葉が社会脳の一部であるなら，この結果はタスクBを実施した被験者の方がタスクを通じて，社会や人間とのつながりをより強く意識したといえる（開・長谷川編，2009）．この結果こそ，社会において他者との相互関係のもとで生活を営むために重要な「文脈判断」なのではないであろうか．

また興味深いのは，前頭葉の活性化の程度はタスクB＞タスクAとなったが，画像鑑賞後にテンキーの1を押下した回数はタスクA＞タスクBとなったことである．複数の文脈が含まれた質問文であったので切り分けは難しいであろうが，タスクAの被験者の方は実験者の指示を忠実にこなし，タスクBの被験者は全く予想していなかった画像の鑑賞がうまく行かず，キーを押下しなかった可能性もある．この意思決定の背景には，画像から情報や知識を想起できなかったのか，情報や知識は想起できたが他者とその内容を共有したくなかったのかなどの複数の要因が考えられうる．しかし，理性と感情を調和する前頭葉に加え，他者とのつながりを意識する際に活性化する前頭葉眼窩野は，タスクBの方が高い反応を示した．これは，テンキーの2を押下したにもかかわらず，理性と感情のマッチングが強い反応として生じ，他者の存在をより意識したのはタスクBの方であったという重要な意味が含まれるのである．

7.4.3　実験結果における追加的検討

ここでは，補論的な内容としてタスク間ではなくタスク内に注目して，t検定を行った結果を示したい．これまで，筆者は統制群（タスクA）と実験群（タスクB）の計測結果を比較し，議論をしてきた．しかし，タスクAの3回の試行（またはタスクBの3回の試行）そのものに重要な意味が含まれているのではないか．その問いを確かめるため，タスクAの1回目，2回目および3回目と，タスクBの1回目，2回目および3回目のオキシヘモグロビン変化（分析するのは，

前頭葉眼窩野に該当する4か所）の平均値の差を検討することにした．

　分析の組み合わせは，タスクAとタスクBともに1回目と2回目，2回目と3回目，1回目と3回目である．この分析のねらいは，経済実験で多く実施されている経済ゲーム（投資やリスク下におけるギャンブルゲームなど）では，試行ごとに数値や提示画像などがランダムに変更される．また，そのようなタスクでは試行を繰り返す回数も多い（河野・西條編，2007）．しかし，本実験は被験者ごとに画像は変更されるものの，1人の被験者において同じ画像が3回繰り返し提示される．また，指示される内容も試行ごとに変更はない．このようなタスクデザインの場合，被験者は画像に関して読み取れる情報やその情報をもとに連想できることが尽きてしまうと脳の活動も安定化し，試行ごとに差が生じなくなるのではないだろうか．

　分析の結果，タスク内でのそれぞれの試行（画像を鑑賞する10秒間）は3回ともオキシヘモグロビン変化の平均値の差は，統計的に有意であった（$p<0.01$）．つまり，被験者は3回の画像鑑賞を同一の画像が繰り返し表示されたにもかかわらず，各試行において異なる脳の活動を行ったことが示唆される．ここで注意しなくてはならないのは，あくまでタスク内における3回の画像鑑賞時に，ランダムサンプリングした40データのオキシヘモグロビン変化の平均値の差が，それぞれ統計的に有意であったということは確かであるが，その差異に関する議論の余地は多数残されているということである．異なるタスク間で平均値の差が統計的に有意であることは実験の性質上理解できるが，タスク内での試行ごとに差が生じたという結果は，どのように解釈すべきであろうか．

　この点について，意味や社会的文脈という点から解釈ができる．タスクデザインの解説において，筆者はこのタスクは画像を鑑賞する視点を検討したり，画像から読み取れる文脈を推測する「クイズ」のようなものであると説明した．タスクBでは，さらに被験者が置かれている社会的文脈が複雑になっているため，「クイズ」としての要素が強くなっている．この場合，提示される同一の画像の鑑賞を続けると，ある回数で画像から読み取れる文脈に限界が訪れる．今回の実験では，どちらのタスクも各試行でのオキシヘモグロビン変化は上昇していた．これは，本実験は3回の試行であったため被験者の知識量にまだ余力があったものと推測される．タスク間に差はあるものの，回数を重ねるごと

に被験者の前頭葉が活性化したのは，記憶や知識をもとに画像を鑑賞する行為に，重要な意味があるのかもしれない．

　さらに，本実験の特徴として金銭的なインセンティブがタスク内に取り入れられていないということが挙げられる．経済実験において金銭的なインセンティブは，タスクデザインにおいて慎重に検討すべき問題である（川越，2019）．株式投資などを想定した経済実験では，被験者への報酬が実験の結果と連動して変動するというものもある（河野・西條編，2007）．しかし，金銭的なインセンティブは被験者が真剣に実験に取り組むなどのメリットもあるが，一方で被験者の真の意思決定や選好そのものを議論しにくくなるという問題もある．金銭的インセンティブによって，実験内での被験者の選好が歪む可能性があるからである．

　本実験では，被験者がどのような視点から画像を鑑賞し文脈を読み取ったとしても，あるいは確認の意味で用いたテンキーを押さなかったとしても，支払う報酬は全被験者間で統一してある．そのため，実験結果の如何にかかわらず，報酬は変動しない．このような非金銭的な実験は，現実での経済活動と乖離していて意味のないものだと批判されるかもしれない．しかし，本実験で重要となるのは，「他者の行動を読み取る」という社会的文脈を与えていることである．これは，合理的な利害関係が生じる他者の行動を深読みするというのではなく，ライバルより一手先を読み利得を得るという合理的な先読みを促すものでもない．実験者が被験者と価値観を共有し，ともに異文化を理解したいというタスクの真の意図が，タスクBを実施した被験者には文脈を読むという，実験で指示されていない追加的なタスクとして伝わっていたのであろう．

　被験者への実験後のインタビューで，タスクBで提示された画像をどのように読み取ったか説明してもらう際に，どの被験者も楽しそうに画像の内容を語ってくれた．これは，タスクAの被験者も同様であったが，画像から何を読み取りどのように解釈するかというのは，われわれの選好に大きく影響するものである．この画像から読み取れる意味こそが，人々の中で再構築されこだわりとして強固となり，そのこだわりが他者と共有されていくことで新しい価値観や文化が生み出されていく．この仕組みを補助することも「ナッジ」に期待される役割なのである．本章の実験では，その議論の実証的根拠の一端を示し

7章　ホスピタリティと主体的行動の意義　　*123*

たといえよう．

7.5　文脈を創り，読み解く心

本章は筆者が実施した実験（牧，2019）について，ナッジにおいて重要な要素となる社会的文脈の判断や創造という視点から再検討したものである．これまでナッジは，他者の視点を意識させることで人々の意思決定を望ましい方向にシフトさせ，さらには社会全体をも良好な状況へと導く可能性を有しているものとして，行動経済学の主要な研究テーマとなってきた（セイラー＆サンスティーン，2009; 依田・岡田編，2019）．

ナッジの応用可能性は幅広く，クリエイティビティと結びつくことでさまざまな文脈をわれわれに読み取らせ，意思決定や行動を変更させることが可能となる．ここで忘れてはならないのは，他者の行動を変化させることの起点には，他者とともに心豊かに経済活動や社会生活を営みたいという思いが無くてはならないことである．この問題意識は，今後もナッジ研究において常に意識する必要があろう．社会における文脈が創造され，それが他者に解釈されることで，意味が紡がれる．その意味が価値観や文化へと成長を遂げていく．その文化的な変動の中に，人々による意味の構築や意味の修正の営みが絶えず見られるはずである．他者の価値観を共有することで，他者の意味は自己の中に拡張され，自己の価値観にも影響を与えうる．この「寛容さ」こそが，筆者が本章で主張したい「ナッジ」の可能性である．

本章では，被験者が画像を鑑賞している箇所に注目をして分析および検討を行った．分析によって得られた結果は，画像を鑑賞する文脈の違いが，前頭葉の活動にも差として確認されたということである．これらの実験結果は，あくまで議論を補強するための根拠に過ぎない．他にも画像を提示した箇所ではなく，画像をしっかりと鑑賞できたかどうかテンキーの押下で確認する箇所やその後のレストの箇所，あるいは指示文が提示されている箇所にも前頭葉には特徴的な違いが確認されるかもしれない．特に指示文を提示している箇所は，被験者がどのように実験内容を把握し，画像の鑑賞に取り組んだのかについてさらにヒントを得られる可能性がある．追加による分析の実施や，実験で得られ

た結果における解釈の妥当性の検討については，引き続きの課題としたい．

謝辞

　本実験は，筆者が青山学院大学助教および非常勤講師時代に当時経済学部教授であった中込正樹先生の多大なご協力のもとで実施された．中込先生には，シンプルなタスクで深い意味にたどり着きうるタスクデザインの重要性を教えて頂いた．本実験はもともと本章のような研究を目的とした実験ではなかったが，タスクの内容を振り返ってみると議論の余地がまだ残されていることに気が付くことができた．実験が実施できる機会は限られているため，上記のようなアドバイスをされたのであろうが，筆者にとってこれまでの実験で得られたデータや経験は貴重な財産となっている．ここに，感謝申し上げる．

　また，本章は文化経済学会〈日本〉2022年研究大会での筆者の発表である「社会的文脈の異なる提示条件がもたらす心的影響の差異に関する研究」の内容を加筆・修正し新たな分析を追加したものである．学会発表時には討論者およびフロアから学術的示唆に富む貴重なアドバイスを多数頂戴した．あわせて感謝申し上げる．

注

1 ）　本章の議論のベースとなっている牧（2019）では，被験者に画像を鑑賞してもらう際に，提示される画像の背景的な状況が異なる場合の前頭葉眼窩野の活性化の違いについて，統計的な有意差を確認した．さらに，被験者自身が選択していない画像を鑑賞した実験群の方が，前頭葉全体の活性度が高かったことも確認された．

2 ）　実験に使用した計測機器は，fNIRS（functional near-infrared spectroscopy: 近赤外脳機能計測法，光トポグラフィーと呼ばれる）である．一方で，経済実験や神経経済学の分野で主に用いられるのは，fMRI（functional magnetic resonance imaging: 機能的核磁気共鳴断層画像法）である（大垣・田中，2018; 依田・岡田編，2019）．fMRIは高い分析力を誇るが，大規模な装置であり装置面や費用面などの問題から実験できる機会が限られる．実験の内容も制限されてしまうという問題もある．

　　一方で，Strangman et al.（2002）は，fMRIとfNIRSでの計測データの間に相関があることを確認した．ストレングマンらが比較検討した計測装置と，本実験で使用した計測装置は異なるが，計測結果に一定の信用性は担保されているといえよう．

　　牧（2016, 2019）ではオキシヘモグロビン濃度長変化と記載していたが，オキシヘモグロビン変化と同義である．

3 ）　この質問文は，提示された画像に満足したかどうか，画像から情報を読み取ることができたかどうか，画像から読み取れた内容を他者と共有したいかどうかという複数の文脈を与えていた．牧（2019）ではこの質問文について，被験者が画像鑑賞中に読み取ったり考えた内容を「意味」であると解釈し，その内容を他者に語りたいか，他者に発信したいかという視点から議論を行った．

4 ）　図7-2，7-3，7-4は，タスクA（統制群：左），タスクB（実験群：右）での画

像提示時における前頭葉のオキシヘモグロビン変化の典型的な差を示している．

5）　BR Systems社製，fNIRS Data Viewer Multi Screenを使用し，タスクAとタスクBの計測結果から静止画を作成した．

参考文献

依田高典・石原卓典（2019）「金銭的インセンティブとナッジが健康増進に及ぼす効果——フィールド実験によるエビデンス——」依田高典・岡田克彦編『行動経済学の現在と未来』3 -23，日本評論社.

依田高典・岡田克彦編（2019）『行動経済学の現在と未来』日本評論社.

大垣昌夫・田中沙織編（2018）『行動経済学——伝統的経済学との統合による新しい経済学を目指して——』有斐閣.

川越敏司（2019）「実験経済学方法論に関する最近の研究動向——報酬支払法を中心とした考察——」依田高典・岡田克彦編『行動経済学の現在と未来』125-148, 日本評論社.

河野勝・西條辰義編（2007）『社会科学の実験アプローチ』勁草書房.

セイラー，R. ・サンスティーン，C. 著，遠藤真美訳（2009）『実践行動経済学——健康，富，幸福への聡明な選択——』日経BP社.

ダマシオ，A. R. 著，田中三彦訳（2005）『感じる脳——情動と感情の脳科学　よみがえるスピノザ——』ダイヤモンド社.

中込正樹（2008）『経済学の新しい認知科学的基礎——行動経済学からエマージェンティストの認知経済学へ——』創文社.

開一夫・長谷川寿一編（2009）『ソーシャルブレインズ——自己と他者を認知する脳——』東京大学出版会.

真壁昭夫（2011）『最新行動経済学入門』朝日新聞出版〔朝日新書〕.

牧和生（2016）「光トポグラフィーを用いた脳科学的研究の文化経済学への応用——ホスピタリティに着目して——」『文化経済学』13(1) 25-35.

牧和生（2019）「文化における『意味』の役割『文化経済学』16(2) 4 - 9 .

8 章

コンテンツ消費と記憶

8.1 忘却と想起が連続するコンテンツと記憶の経済学

　筆者が以前の所属大学でコンテンツやアニメ文化に関する講義を担当していた2015年当時，必ず履修している学生に「幼いころに観ていたアニメ」や「記憶に残っているアニメ」について答えてもらうようにしていた．その時筆者は受講生たちに，「おとぎ銃士赤ずきん」（2006年7月から2007年3月にかけてテレビ東京系で全39話放送）を観ていたのではないかと問いかけた．学生と筆者は歳が離れているので，筆者が大学生時代に夢中になって観ていた「おとぎ銃士赤ずきん」を当時の受講生たちは小学生のときに観ていたということになる．ここで教室内に笑いが起きるのであるが（苦笑含む．最近は悲しいことにこのネタで笑いが起きなくなった．新しいアニメネタを探さなくてはと日々奮闘している），そのような笑いに交じって「そんなアニメ確かにあったなぁ」という素直な感想も漏れ聞こえる．そのような感想を述べた学生にとっては，「おとぎ銃士赤ずきん」は筆者が説明をするまでその存在が忘れ去られており，講義を受けることでたまたま思い出すことができたということになる．ちなみに，開講当時もう2学年ほど上の学生になると，「東京ミュウミュウ」（第1期）が人気のアニメであったらしい．このような状況をもう少し掘り下げると，上述のアニメは忘れ去られていたのではなく，記憶の奥底にしまわれていたという表現が適切であるように思われる．

　たとえば，個々人がそれぞれに思い入れのあるコンテンツがあるとしよう．その思い入れのあるコンテンツは，各人にとって忘れ去られるということはないであろう．どのような条件が揃えば，忘れ去られることのないコンテンツに

なりうるのだろうか．筆者は，「知識」や「経験」とコンテンツとの結びつき
が重要な役割を果たしているのではないかと考える．本章ではコンテンツ文化
においても議論になっているアーカイブに関する問題を，知識や経験という観
点から総合して考察を試みる．また人間の記憶と知識とのつながりの問題も議
論し，コンテンツと記憶について実験研究をもとにその展望を示したい[1]．

8.2 記憶と限定合理性

　人間の記憶が無限ではなく有限であることは，行動経済学などの心理学と経
済学とを融合した研究分野で盛んに主張されていることである．中込などで指
摘されている限定合理性の問題からも，この点は明らかである（中込，2008）.
限定合理性とは，経済理論のパラダイム・シフトになりうる視点である．限定
合理性は，われわれが理性と感情の双方を持ち合わせているということであっ
た．行動経済学は現実におけるわれわれ人間を研究対象にしているが，その中
で理論の前提になっているのが，この限定合理性である．われわれは意思決定
に対して，従来の経済理論のように理性のみを使って意思決定をしているので
はなく，感情も伴い意思決定をしているということである．
　また，多田たちが指摘している意思決定におけるヒューリスティックに関す
る分析も，限定合理性に加え重要な視座を与えてくれる（多田，2003; 友野，
2006; 依田，2010; 依田・岡田編，2019）．このヒューリスティックとは，意思決定
を素早く行うための方法である．さらに，カーネマンはわれわれが2種類の意
思決定の経路を持っており，熟慮と短絡的（直観的）な意思決定が共存してい
ることを示した（カーネマン，2014）.
　また，行動経済学の研究における記憶の問題を取り上げる上でピークエンド
効果を外すわけにはいかないであろう．ピークエンド効果は，われわれが効率
的に記憶しているということを示している．われわれが出来事などの事象を記
憶するとき，物事のすべてではなく，一番感情が高まった部分と物事の終盤を
記憶しやすいというのが，ピークエンド効果である．アニメなどに置き換える
と，たとえば全12話の物語の中では，最も感動的な話と最終話付近の話が印
象に残りやすいということになる．ピークエンド効果は，われわれが物事を断

片的に記憶することで脳の記憶領域を効率的に使用していると考えられている．この断片化が重要な問題である．

　コンテンツ文化における記憶の研究は，山中によるジュブナイルポルノとライトノベルについての詳細な検討もこの側面を有している（山中，2017）．ジュブナイルポルノとは，読みやすい文体で書かれた性的描写を含む小説である．表紙のデザインや文体などは，現在のライトノベルとの接点も多い．山中は，今日において多くの人々に愛読されているライトノベルの源流について研究を進めているが，この研究も過去の文学作品と現在の文学作品との接点を研究テーマとする，コンテンツ文化の歴史的アプローチである．いわゆるマイナーな作品であったり，出版レーベルであったり，研究テーマとしては日の目を見なかった作品を取り上げ，現代社会との関係性を考察しようという山中の姿勢には筆者も共感するところが多い．

　コンテンツ文化を歴史的視点から捉える，コンテンツ文化史研究の英知として蓄積されうる膨大な情報は，われわれにどのような効用をもたらすのであろうか．ここで，認知科学的研究として情動と意思決定の関係を紹介したい（Lerner et al.2014）．

　ラーナーらは情動（Emotion）と意思決定の関係について，われわれの意思決定時の周辺の環境やさまざまな要因が大きく関わると主張する（Lerner et al., 2014）．そのさまざまな要因には知識が含まれる．たとえば，ある商品を見つけたとき（この場合掘り出し物に遭遇することが多いセカンドハンドショップがイメージしやすい），その商品についての追加的情報が頭に浮かんだとしよう．その商品の生産時期や商品化の意図，生産者のこだわりについてなどである．このような知識は，ラーナーたちの主張では高い満足（興奮）を生み出し，意思決定に大きく影響を与えるのである．このような知識のつながりは，前述のピークエンド効果における断片化した記憶のつながりが生じていると捉えることもできる．この点においても，コンテンツを記録および保存する意味は，研究者以外にも不特定多数の人々にとっても有益である．筆者はこの主張をクリアにすべく，ラーナーらの主張をもとに，脳科学的実験の結果について再分析を行った．

8.3　これまで実施してきた脳科学的実験への批判的検討

　筆者がこれまでに行った脳科学実験についての基本構造は，端的にまとめれば次のようなものである．

① まず，2つの実験タスク（タスクAとタスクB）を用意する．
② タスクAについては，実験者または被験者（実験の種類により異なる）が選んだ画像（実験の種類によりハイカルチャーの画像，サブカルチャーの画像に変更がなされる）が提示され，タスクBでは実験者が選んだ画像が提示される．
③ 被験者にそれぞれの画像を観賞してもらい，その時の前頭葉の賦活度を計測する．
④ 実験によっては，画像鑑賞後に情報発信に関する意思決定や，画像の満足度を問うようなレスポンスが求められる．
⑤ 画像の提示は3回行われる．

　本章では，筆者らによる実験とその結果の解釈について批判的に検討を行う（牧・藤森・中込，2013）．この実験は，すでに芸術的な価値が世間的に認められているアート作品についての問題が示された．3回繰り返されるタスクでは，同じ作家による異なる芸術作品が提示される．そしてその作品についての知識を被験者にはできるだけ考えてもらうというものである（作品を鑑賞する時間はそれぞれ10秒間である）．これがタスクAの概略である．
　もう一方のタスクBでは，被験者それぞれが「好みそうと思われる」画像が提示される．この好みそうな画像については，実験前の被験者との会話の中から画像選びのヒントを得ている．ただし，あまりにも露骨な質問をしてしまうと実験の内容が被験者に知られてしまうため，なるべく自然な流れの中で画像のヒントを得るように注意した．なお，タスク内において画像の良いところを検討してもらうという点はタスクAと共通である．さらに，被験者にはタスクAおよびBにおいて，自身の意見を他者と共有するかという意思決定もおこなってもらった．この他者とは，インターネットを通じたバーチャルな関係性を持

つ他者(匿名の他者)をイメージされると良い(牧,2014).

　ラーナーらの主張によれば,われわれの意思決定時においては情動の存在が大きく影響を与えているという.さらにその情動の強さや大きさは意識的および無意識的,そして意思決定者の置かれている社会的文脈などによって変動する.図8-1では,ラーナーらの議論の中心になっている意思決定と情動の関係を示している(Lerner et al. 2014).彼らが指摘していることは,意思決定とその後の感情などの創出に対するファクターであるが,その要因にはさまざまなものが挙げられていることがわかる.図8-1中の数字は心のメカニズムが作用する順番であり,数字の横のダッシュは同時的あるいはフィードバックとして生じるメカニズムを示している.ラーナーらの議論のすべてをタスク内で取り入れているわけではないが,重要な部分についてはタスクに組み込めている

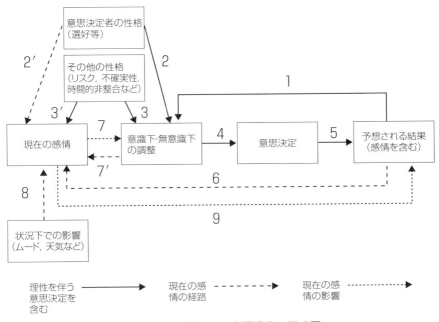

図8-1　**感情による意思決定の概略図**
出所:Lerner et al. (2014) より筆者が翻訳,一部修正し筆者作成.

といえよう．実験であるから，天気やその場の雰囲気などは無視して検討を進めていく．筆者が行った実験を図8-1に当てはめてみると，意思決定者の性格，無意識および意識的な調整，意思決定とその意思決定の結果として得られると思われる感情の3点が重なり合う部分である．

さて，図8-2は本章のタスクに整合するようにラーナーたちの主張を簡略化し，一部の内容を修正したものである（Lerner et al., 2014）．なお，ラーナーらは矢印の種類を複数用いて理性および感情の経路を説明していたが，図8-2では単純に意思決定とその結果のフローチャートとして作図している．したがって，ラーナーらの図と筆者作成の図との矢印に整合性はない．

筆者によるラーナーらのモデルの修正点は次のとおりである．ラーナーらは意思決定後に実際に生じる情動（広義での感情）に，無意識および意識的な要因が作用することで情動や感情の強さを調整していると考えている．これは，シンガーたちの共感のプロセスモデルと類似している指摘であるが（Singer & Fehr 2005），ラーナーらのモデルの方がより詳細にモデル化している．しかし，筆者はこのラーナーらのモデルに疑問を感じている．それは予想される結果と，実際に生じる結果が等しくなるという前提にあることである．この実際に生じる結果は，感情や社会的な文脈などさまざまな要因が相互的に作用することによりその大きさが調整され，意思決定を行うことでその結果としての感情が確定することになる．これは，例を出すと理解しやすい．

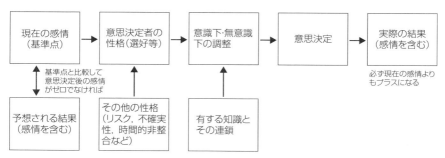

図8-2　Lerner et al.（2014）の議論を単純化し修正した筆者の認知モデル

出所：筆者作成．

いま友人の1人が，苦労の末に成功を収めたとする．その背景的な情報を知っているあなたは，その友人に声を掛けようとしている．その声を掛けるという意思決定よりも前に，その友人の苦労している姿などが思い出され，情動および感情が創出される．さらに，声を掛けることで実際に自分自身にもどれほどの感情の共有ができるかということも計算し，その計算結果をもとに意思決定を行うかどうか検討をするのである．したがって，意思決定で得られた結果はあくまで答え合わせであって，予想と結果の乖離は無いといえる．厳密にいえば，多少の誤差はあるだろうが予想よりも大きなずれは生じ得ない，というモデルをラーナーらは提示していると解釈できる．つまり，意思決定の結果を確率論的に把握し，現在と意思決定後の感情の大小関係をもとに，意思決定をするかどうか考えているというモデルなのである．この意思決定に感情や情動という要因をモデルに取り入れた点は評価できるのであるが，修正の余地もあるといえる．

　筆者がラーナーらのモデルを修正した点は，まず現在の感情を出発点とするが，意思決定の予想と結果がずれるということを許容していることである．さらに，意識下の調整という部分にその意思決定に関わる知識の有無という要因を取り入れている．ラーナーらのモデルでも知識の存在はある程度考慮されているのであるが，筆者のモデルでは自身の保有する知識が次々に浮かんでくるような知識の連鎖というべき現象をモデルに取り入れているのである．この知識の連鎖が前頭葉の活動にどのような差として現れるのか，脳科学的実験の結果から確認をしてみたい[2]．

【実験のねらい】

　筆者らの実験は，2点の明らかにしたい要素が含まれていた．

　1点目は，ハイカルチャーとサブカルチャーにおける「鑑賞する視点の違い」についてである．すでに価値が世間的に認められているハイカルチャーでは，われわれが当該文化における芸術作品を鑑賞する際に，新しい視点を導入することは困難であるかもしれない．一方で，世間的な評価が低いあるいは世間が評価をする前に消えてしまうようなサブカルチャーにおいては，当該分野に興味がある被験者たちは積極的に当該文化を消費しようとするかもしれない．そ

の際に，被験者に提示する画像は被験者たちが好むと推測される画像（被験者
ごとに提示される画像は異なる）である場合には，被験者は2つの問いを実験者か
ら受け取ることになる．この異なる画像を鑑賞することは，前頭葉の活動にど
のような差として生じるのであろうか．

　2点目は，「自分自身が関心のある分野の画像」が提示された意味について
考えた後の意思決定に差が生じるかどうかである．サブカルチャーに関する画
像が提示されたとき，被験者はハイカルチャーの画像が提示されたときとは異
なり，自分なりの文化の楽しみ方が可能となる．提示されている画像の意味を
考えることで，ハイカルチャーとサブカルチャーに触れる場合とでは，文化の
消費のされ方が異なるのかを明らかにしたいという実験の意図もある．

　この実験では副次的な要素として，情報発信とその後のリアクションという
要素も取り入れている．ハイカルチャーと被験者が好む文化（この実験では被験
者たちが好む文化をサブカルチャーとして捉えている）を鑑賞し，それぞれの文化を
どのように鑑賞したのかについて，他者と情報を共有したいかという質問がタ
スク内に登場する．ハイカルチャーを鑑賞するためには教養などが必要となる
が，サブカルチャーは自分なりの楽しみ方が可能である．つまり，サブカル
チャーを鑑賞したときの方が，被験者は積極的に「文化の楽しみ方」を発信す
るのではないだろうか．

　この実験は情報発信することで確率1/2で他者から共感された，あるいは
共感を得られなかったというリアクションも得られるようにデザインしてい
た．この他者からのリアクションも，被験者の次の意思決定に影響を与えうる．
サブカルチャーを鑑賞し，情報発信したときに良い反応が他者から得られた場
合では，次も積極的に情報発信をしたいと被験者は思うはずである．しかし，
他者から共感が得られない場合でもサブカルチャーは個人ごとに自由に楽しむ
ことができる文化であるのだから，他者の反応を気にすることなく次の情報発
信の機会でも積極的な意思決定を行うのではないだろうか．

　以上のようにこの実験では，ハイカルチャーおよびサブカルチャーに関連す
る画像を鑑賞しているときの前頭葉および前頭葉眼窩野の賦活度の違いと，そ
の後の意思決定について関連性があるかどうか検討したのである．

8.4　データの再検討および分析結果

　本章における議論の基礎となっている実験は，牧・藤森・中込および筆者に
おけるサブカルチャーとハイカルチャー，ホスピタリティに関する脳科学実験
についてである（牧・藤森・中込，2013; 牧，2014，2016）．本来であれば，実験に
関するタスクデザインはシンプルにすることが望ましいとされる．牧・藤森・
中込の実験では，シンプルにタスクをデザインしたのであるが，サブカルチャー
とハイカルチャーの対比のみならず，ホスピタリティの要素もタスク内に取り
入れていたため，幾分タスクが複雑になってしまった感は否めない．しかし，
その点が幸いして複数の視点からの分析が可能になった実験であったといえる
（牧・藤森・中込，2013）．
　牧・藤森・中込の実験は，異なる画像を用いて繰り返し同じ作業を被験者に
実施したものである．データ分析の対象となっている箇所も，意思決定をする
かどうか被験者が検討をしている部分であった．本章では，分析の箇所を限定
するのではなく，タスクAとタスクBのそれぞれのテーマに合わせた3枚の画
像を被験者が鑑賞したその後に焦点を当てて分析を試みる．分析に用いる実験
については，以下のとおりである．

① それぞれのタスクが始まると，最初に黒い画面の中央に十字のマークが
　 示される．この画面が10秒間提示される．この画面は，被験者に落ち着
　 いて実験に臨んでもらうために脳をリラックスさせる効果がある．
② 第2画面では，被験者はこれから提示される作品について良いところを
　 心の中で考えてもらうように指示される（指示は5秒間表示される）．提示さ
　 れる作品はタスクAがゴッホの絵画である（作品が提示される時間は10秒間で
　 ある）.[3]
③ タスクBは被験者が好みそうな画像を実験者がチョイスしたものが提示さ
　 れる．それぞれのタスクの中で3回画像を見てもらうが，提示される画
　 像は作者および作品のジャンルやカテゴリーは共通で，画像は異なるも
　 のが3種類示される．タスクBにおける画像の選択については，実験前の

会話から選別を行っている.

④ 第3画面では，前の画面で考えた作品の良いところを心の中で挙げるように指示され，被験者は心の中で作品の優れた点をできる限り挙げる（考える時間は10秒間である）．今回の実験では，この箇所の脳血流変化のデータを分析する.

⑤ 第4画面では，唐突に自分以外の他者から第3画面で答えた作品の良い部分が独創的な視点であったと評価される．さらに，インターネット（SNSを想定）を通じてその独創的なアイディアを発信するかどうか意思決定を求められる（考える時間はこれも10秒間である）．この画面では第3画面で被験者がどのようなアイディアを考えたとしても，必ず他者から評価されるようにデザインされている．右下にはスマイルマークが小さく表示されている．これはナッジ効果を期待したものである.[4]

⑥ 第5画面で被験者は，自らのアイディアをインターネット上に書き込みを行うかどうか意思決定をするように求められる（5秒以内に意思決定をしてもらう）．書き込む場合はテンキーの1を，書き込まない場合はテンキーの2を押す．書き込むという意思決定を行った場合のみ第6画面に進み，被験者の独創的なアイディアに不特定多数の他者からの共感が得られた，あるいは得られなかったという結果が表示される（他者から共感を得られるかどうかの確率は1/2に設定しているが，被験者はその確率を知らされてはいない．結果が表示される時間は3秒間）．ボタン1を押し結果が表示された後，またはボタン2を押した後には3秒間の短い休憩時間を設けており，休憩後第2画面から次の試行が開始される.

　データの分析は，④の箇所の10秒間を詳細に検討する．本実験は3回試行しているので，データの採取箇所は3種類ある．これまでの筆者らの分析では，3回の試行うちの最初の試行は被験者の緊張などがノイズとなっている可能性があるため，分析対象にはしていなかった（牧・藤森・中込，2013; 牧，2016）．しかし，被験者にとっての実験の最初の試行にも議論すべき含意があるといえる．したがって，今回は最初の試行も分析対象とした.

　本実験は，男子大学生6名（21〜25歳，全員右利き）に協力してもらった．分

析に当たっては6人分のタスクAおよびタスクBのデータをそれぞれ加算平均し，各試行（10秒間）それぞれのオキシヘモグロビン変化のデータを無作為抽出した[5]．無作為抽出したデータ数はそれぞれ40サンプルずつである[6]．試行ごとに40サンプルずつ採取したオキシヘモグロビン変化のデータを，タスクAで3つ，タスクBも3つ用意し，タスク内でそれぞれの試行ごとに t 検定を実施した．

分析の結果は，タスクAにおいては3回の試行のすべてでオキシヘモグロビン変化の差が統計的に有意であった（$P<0.05$）．注目すべきは，多くの計測地点で2回目の試行が最もオキシヘモグロビン変化が大きくなっているということである．図8-3，図8-4にタスクごとのオキシヘモグロビン変化の平均値を示している．なお，図内のAとBのあとの数字は，何回目の試行であるかを示している．

タスクBにおいては，傾向的に1回目の試行＜2回目の試行＜3回目の試行の順で，オキシヘモグロビン変化が大きくなったことが確認された．しかし，タスクAにおいてはすべての試行の平均値の差が統計的に有意だったが，タスクBにおいては異なる傾向が見られた．具体的には，タスクBの1回目と2回目の試行，そして1回目と3回目の試行では共通してCH.6とCH.7の平均値の差が統計的に有意ではなかった（$P>0.05$）．また，他2回目と3回目の試行

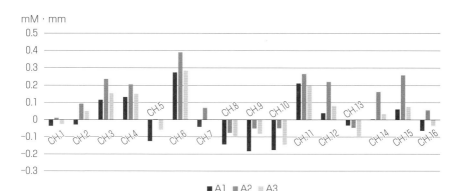

図8-3　タスクAにおけるオキシヘモグロビン変化の平均値

出所：筆者作成．

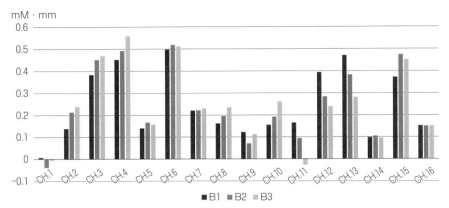

図8-4 タスクBにおけるオキシヘモグロビン変化の平均値

出所：筆者作成.

の平均値の差ではさらに統計的に有意ではないチャンネル（計測点）が増え，CH.3, CH.5, CH.6, CH.7 が有意ではなかった（$P > 0.05$）．しかし，その他のチャンネルでは平均値の差が統計的に有意であった（$P < 0.05$）．

全体的な傾向として，タスクBはオキシヘモグロビン変化がタスクAよりも大きくなっており，タスクBの方は前頭葉がより活性化していることが分かる．この傾向は，筆者も想定したとおりのクリアな結果であるが，タスクAの実験結果も注目すべきである．次に実験および分析結果の解釈をしていきたい．

8.5　分析結果の解釈とその含意についての検討

さて，筆者は過去に行った実験の再検討を行うにあたって，次のような予想をしていた．それは，タスクの性質上，被験者にとっては画像の良いところを考えてもらうという作業そのものはクイズと同じようなものである．つまり，被験者は2種類のクイズに挑戦していて，それぞれ提示される画像に関する知識をできるだけ挙げようとしている．したがって，この2つのタスクの結果の差は，被験者の文化享受能力や与えられた情報から推測できる文脈を読み取る力の差を表しているとも捉えられる．しかし，タスクにおける画像はゴッホの

絵画と各被験者のために選んだ画像であるが（主に選ばれたのは被験者がこだわりを持っていると思われるアニメ，マンガなどの作品であった），後者は大なり小なりサブカルチャーの性質が含まれているものであった．

　ここで問題となるのは，ハイカルチャーであるから崇高であり，サブカルチャーは下等であるという二項対立での議論は，意味をなさないということである．たとえば，池上・植木・福原らやスロスビー，さらに遡ればボーモルとボーエンなどで研究されている中心的な文化はいわゆるハイカルチャーである（池上・植木・福原編，1998；ボーモル・ボーエン，1994；スロスビー，2002）[7]．池上らはハイカルチャーを成果物（作品など）に含まれる創造性の高いものとしている．これを分かりやすい形で換言すると，世間一般にどれほど価値が認められているかということになる．その価値とは知名度であったり，作品が市場に出てきたときのその売却額であったりするであろう．そして文化経済学会〈日本〉でのかつての主要な研究テーマは，この価値ある作品をどのように保護していくのか，文化としての作品を後世に伝え文化を受け継いでいくのかという議論が多かったように思われる．

　しかし，筆者はこのような議論は文化を極めて限定に捉えていると考えている．筆者はハイカルチャーとサブカルチャーとの違いは，文化としての成熟度と文化に参加する人々の数，文化を創造できるその度合いであると主張した．また，人々と文化をつなぐ社会関係資本としてのホスピタリティは，重要な役割を担っている．特に文化がまだ未成熟で，人々に広く認知されていないサブカルチャーに留まっている時期においては，ホスピタリティが人々をつなぎ，限られた人々の間の共通の価値観や行動様式としてのサブカルチャーを形作るものとして，重要な役割を果たすのである（牧，2014）．

　しかし，その一部の人々のみで共有されていた価値観はその文化が世間に認知され，文化への参加者が増えることによって多様化していく．これは本書4章で検討したブルーナーが言うところの，文化という力学的構造を持つ概念に視点を置くことで，われわれが文化そのものの意味を解釈し，文化を語り始めるということである（ブルーナー，2016）．語られる文化が多くなるほど価値観は多様化し，複雑化する．これは，岡本がコンテンツ文化における島宇宙という概念で検討がなされている部分とも重なり合う（岡本，2013）．文化に参加す

8章　コンテンツ消費と記憶　　*139*

る人々が多くなることで，文化は目まぐるしく再構築され発展していく．

　もちろん場合によっては，文化は衰退や消滅することもある．この文化の衰退の理由は，多様化する文化という重要な部分が希薄化し，文化的シンボルが出来上がることで創造性の余地を失うからである．この文化的シンボルも，文化の語られ方によって多様に区別されるものであるが，文化を創造できない人々はシンボルとして供給される文化を一方的に消費するだけである．

　今日では，高度なICT（Information and Communication Technology: 情報通信技術）化によって以前より格段に文化に参加することも，文化的な作品を創作することも容易になった．しかし，すべての人々が文化を生み出して，そのダイナミズムの一端を担うとも考えにくい．重要なのは文化内で供給される財やサービスから，人々が意味を見出すことができるかどうかである．文化に参加する人が十分に多くなり，その文化内で見出される意味が画一的になったとき，文化は成熟しハイカルチャーとなる．あるいは，意味を見出すことができなくなれば，文化は縮小していき再びサブカルチャー化するか，あるいは消滅するのである．

　このような視点に立つとき，筆者の実験はタスクA（ハイカルチャー），タスクB（サブカルチャー）という対立ではなく，自己が見出した「意味」を語れるかどうかという点に集約できる．さらに，タスク内には情報発信を決定することで他者からのフィードバックがなされるという要因もある．フィードバックの如何によって，自己の見出した意味が他者に共感されたかどうかという点からも議論ができる．しかし，今回の分析では他者からのフィードバックという要因は重要ではない．[8] 岡本は情報発信を人々が行うことで，出会うことのない他者が出会い，現実や社会が変容していくようなムーブメントにつながっていくと指摘した（岡本, 2013）．そうであるなら，このタスクでは自己の価値観が強く表れるタスクBの方が，情報発信に対するインセンティブが強く生じるはずである．

　ラーナーたちの情動と意思決定の関係についての議論は，われわれが意思決定を行う場面において，無意識および意識的な調整が大きく影響するということであった（Lerner et al. 2014）．またこれは，意思決定後で得られる感情（満足度やその結果）が明確に予測でき，その「予想」を意思決定によって確定してい

ると解釈できる．この点において，筆者は自己の保有する知識を参照し意思決定に結びつけているのであれば，目の前の状況において参照できる知識を保有しているかどうかも重要な意味があると主張したい．このような主張をするとき，図8-3および図8-4における前頭葉各部の活性化の理由の一端に触れることができる．

次に，図8-5を参照されたい．図中におけるAとBの後の数字は，それぞれのタスクの何番目の試行かを示している．また，A1は数値が低いため表示されていない．図を一見して分かるように，タスクBの方が試行回数を重ねても前頭葉全体の高い活性化を示している．タスクAは試行の1回目と3回目の活性度が低く，2回目が最も高くなっている．この傾向は僅かであるがタスクBも同様の傾向が確認できる．つまり，この実験においては被験者の前頭葉の活動のピークは2回目に来ているのである．タスクBは，むしろ試行回数に関わらず安定した前頭葉の活動が見られたと捉えることができる．そこで，ここではタスクAについて言及したい．

3回繰り返すタスクのうちの2回目が，前頭葉の活動が最も活発になった理由については，以下の点が考えられる．まずは，実験への慣れの問題である．被験者には「これから提示される画像について自由に鑑賞せよ」「その鑑賞の方法や感想などを他者と共有するか意思決定せよ」ということのみ指示されていた．つまり，これから自分自身が鑑賞する画像そのものの性質を実験開始ま

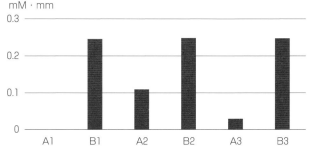

図8-5　前頭葉全体のオキシヘモグロビンの平均値

出所：筆者作成．

8章　コンテンツ消費と記憶　　141

で知り得ないのである．前頭葉はストレスを感じると不活性となり，他者の心理状況や自分自身の置かれている社会的文脈を判断できなくなる．これは，開らが主張する前頭葉が社会脳と関わっているという指摘から明らかである（開・長谷川編，2009）．開らによると，前頭葉の特に前頭葉眼窩野（OEG-16SpO$_2$のセンサーでは，下側の計測位置）は，他者への共感や社会的文脈の判断，他者の行為の意図を推測するための重要な役割を担っているという．

　他者の行為の意図については，被験者がどれだけ実験の意図を汲み取ろうとしたかという点から議論ができる．被験者は先にタスクAを行っているため，最初はハイカルチャーの良いところを考えるという実験であると考えたかもしれない．短いレスト（休憩）を挟みタスクBが実施されたのであるが，ここでは被験者が好みそうな画像が提示される．このA・Bの両方のタスクを実施することによって被験者は，この実験の意味を考えようとしたかもしれない．この点については，以下の被験者への実験後のアンケートによっても明らかになっている．

　実験後のアンケートでは，被験者は一様にタスクAでは芸術的，美術的センスを問われていると感じ，タスクBでは自分自身の興味や関心のあるものについての知識について問われているのではないかと回答した．この2つの実験においては，美的センスや自分自身の知識の多寡を調査するものではなく，被験者全員が同じ画像を鑑賞する時の脳の活動のパターンと，被験者ごとに異なる画像を鑑賞するときの脳の活動が異なるものであるとき，実際にどのような差として現れるのかを明らかにする意図があった．その方法論としてホスピタリティという概念を用い，被験者ごとに異なる画像を提供することを通じて，他者（ここでは実験者）の行為の意図を推測することが，どれほど前頭葉の活動の差として現れるかという点に重点を置いてタスクを作成している．このねらいと得られた結果については，図8－5で示した実験の結果が明確に示している．

　しかし，重要であるのはタスクAにおいても前頭葉はある程度の活性度を示しているということである．実験に際して，被験者には事後アンケートとして，各タスクにおける画像鑑賞時に考えたことなどを自由記入式で答えてもらった．このアンケートには2つの意味があった．1つ目は，実際に被験者がどのようなことを実験中に考えたのか，事後的に知るためである．

2つ目は，実験において被験者が真剣にタスクを行うためのインセンティブ
として用いている．経済実験などでは，河野・西條らなどのように実験におけ
るパフォーマンスに応じて，実験参加者への報酬が変動するというのが一般的
である（河野・西條編，2007）．

　一方で，今回の筆者の実験においてこのような仕組みを取り入れると，内的
動機よりも外的動機が勝り，被験者の本来の意思決定やそのプロセスとは大き
く異なるものになってしまう可能性がある．これは，フライが指摘しているアー
ティストへの補助金政策がアーティスト本来の創造性を歪ませ，純粋な創作意
欲から補助金獲得意欲へと転化するという指摘とよく似ている（Frey, 1999）．
たとえば，今回の実験では画像の良いところをたくさん探せた方が良い報酬を
受け取ることができるというようにタスクをデザインしていたら，タスクBの
方が明らかに知識量は増え，タスクAの結果とは大きく異なるであろう．しか
し，それでは実験としては恣意的であり，信用できる結果であるとはいえない．

　今回の実験は一貫して，非金銭的なインセンティブを実験タスクに取り入れ
ている．それは，実験の中に他者との競争的な要素もなく，実験の出来に応じ
て報酬の上下もないからである．そのため，被験者にはアンケートを事後的に
行うことを予め知らせておいて，真剣に実験を行ってもらえるようにした．も
ちろん，われわれは神様ではないため，被験者がどれだけ真剣に実験に臨んだ
かどうかは実験室での被験者の観察や，アンケートへの回答内容などで推測す
るしかない．

　アンケート調査で明らかになったのは，被験者はタスクAとタスクBともに
画像を単純に鑑賞するだけではなく，提示画像に関する知識を思い出そうとい
う傾向が見られた．たとえば，タスクAであれば，作家名，作品名，描き方の
種類，画家に関する関連する知識などが目立った．タスクBにおいては，作品
名および作家名，その画像に関連する知識（背景的な情報）というタスクAとさ
ほど変わらない回答が多かったが，その画像をどのように評価するか，あるい
は自分自身はどのように考えるかという回答も目立った．

　このアンケート結果は，ブルーナーのいう意味の構築が見られたという解釈
が可能である（ブルーナー，2016）．対して，ラーナーらにおける情動と意思決
定モデル（図8-1）は，予想した意思決定後の情動や感情の結果を満たすため

8章　コンテンツ消費と記憶　　*143*

にさまざまな内的および外的要因を調整しながら，予想した結果を実現させるというものであった（Lerner et al. 2014）．

　しかし筆者が示したモデル（図8-2）は，ラーナーらのものと大きく異なっている．筆者のモデルは他者の行為の意図を事前に知り得ないことや，単に現在所与である知識を思い出す，あるいは結びつけるというだけではなく，その場で文化を構成しうる「意味」を作り出すことができるという点で，きわめてダイナミズムを伴ったものである．この意味を創り出し他者とその意味を共有することで，情動が創出され，感情が高まるのではないか．筆者のタスクでは，被験者が自己の考えを発信することで，確率1/2で他者から共感を得られたかどうかフィードバックがなされた．しかし，意見を発信することで必ずしも他者から高評価や共感が得られるというわけでもない．これは，現実においてもタスク内においても同じである．重要であるのは，他者と考えが一致することや考えに理解を示してもらえるということではない．もちろん，それらは人間関係や人生において，大切なことであることに変わりはない．

　それにも増して大切であるのは，興味や関心のある分野において，われわれが個別の意味を創り出すことができるかどうかではないだろうか．大塚（2004）では，筆者やブルーナーがいうところの物語は小さな物語として指摘され，岡本（2013）ではその小さな物語をきっかけとして集団が形成され，数珠つなぎのように創作活動などが連鎖し，文化が生み出されると指摘する．これを岡本は観光学の知見を取り入れ「n次創作観光」と呼んでいるが，このn次創作の根幹は文化に参加する人々や，文化を消費する人々がその財やサービスから意味を解釈し，想像し，意味を再構築できるかどうかではないかと思われる．既存の知識を越えて，新しい意味や価値を創造することに着目することが真の意味での文化創造論である．本章の知識の連鎖，および文脈の判断に着目して実施した実験結果の詳細な検討で得られた知見は，これらの分野の実証的な根拠となり得よう．

　今回は実験の性質上，多かれ少なかれサブカルチャーに造詣のある被験者が実験の対象となっていた．被験者の属性等について詳しくは牧（2016）を参考にされたいが，前頭葉の活動を確認すれば，今回の実験ではタスクBの方が被験者はより前頭葉を使ったということは一目瞭然である．しかし，被験者をラ

ンダムに設定した場合であればどうであろうか．つまり，さまざまな文化に造詣のある被験者を無作為に実験に協力してもらうのである．そうすれば，タスクAとタスクBにおける被験者の文化享受能力の差はキャンセルされ，純粋に意味を創造できるかどうかの違いとして前頭葉の活動の差を観察することができる．

　今回の実験をハイカルチャーやサブカルチャーにおける文化享受能力の差を検討するタスクではなく，被験者が選好する趣味などに対するこだわりやその楽しみ方について検討をすることで，副次的ではあるが提示される画像について被験者がどのように考えたのかを知ることができた．与えられたものから意味を解釈し，さらには新しい意味や文化を創り出すという視点にわれわれが立つとき，文化享受能力の差という考察では不十分であり，さらにはハイカルチャーとサブカルチャーという二項対立も意味をなさないということは明らかである．その意味を解釈する際に必要なのは，われわれが人生において得てきた知識や経験である．その知識や経験，歴史の重要性に社会が気付くとき，現在よりも「アーカイブ」の必要性がさらに増すことはいうまでもない．

　われわれの記憶もあいまいなもので，本章の最初に述べたようにその記憶も有限なものである．失われ消えていく記憶において，その記憶を残す方法とその意味もわれわれは検討しなくてはならないであろう．コンテンツなどは時代とともに大量に消費され，消えていきやすいものである．その消えゆくコンテンツに魅了された人々の創り出した「意味」を，長期間に渡って残していく必要があるのではないだろうか．本章では直接的にアーカイブなどの議論を行ったわけではないが，そのプリミティブな価値を脳科学的な側面から多少議論できたといって良いであろう．

8.6　幅広く展開されるコンテンツ研究と経済学との融合への期待

　今回はタスクBで被験者が好みそうであると実験者である筆者が予想した画像が提示されたが，純粋に被験者が興味を持っているもの，そうでないものをそれぞれ観察してもらうタスクを作成していれば，今回の実験結果をよりクリアに議論ができたであろう．この点は今後の課題として，次の実験研究の機会

に活かしていきたい.

　本章の出発点になっている論文は2013年に筆者がファースト・オーサーとして実施した実験研究である（牧・藤森. 中込, 2013）. その後に刊行された論文であるラーナーら（Lerner et al., 2014）の議論を参考に, これまでの研究結果を再度別の視点から検討するに至った. 当初, 筆者らの共同実験で得られた結果をいくつかの学会で発表したとき, 討論者やフロアの方々から数多くの有意義なコメントを頂くことができた.

　しかし, その一方で相応の問題点も指摘された. 本章ではその時に頂戴した批判や問題点を真摯に受け止め, データの再分析および再検討を行うことで, 議論を深化させることができたことは極めて意味のあることであった. 批判のひとつであったタスクデザインの複雑さは, 実験結果をシンプルに切り分けて考えることで, 筆者が牧・藤森・中込（2013）を刊行した当時では到達できなかった地平から, 実験結果の再解釈を行うことができた. 本実験のタスクデザインに苦心していたとき, 実験の結果が万が一芳しくない時の一助とすべく用意をしていた被験者へのアンケートに, 今回の議論の中心である知識や記憶の問題のヒントがあったことは, 大きな発見であった.

　実験を新たに実施するには費用も時間も掛かり, さらに実験で期待するような結果が得られないこともしばしばある. 脳科学的研究の速度は目まぐるしいものがあり, 時々刻々と新しい分析方法やその結果の解釈が世に出されている. すでに分析が一段落した研究であっても実験結果を再検討し, 関連する研究分野も参考にすることで, 異なる意味のある結果が得られることに気が付くことができたのは, 大変貴重な経験であった.

　筆者は大学院の後期課程在籍時より, コンテンツ文化史学会という学会に所属している. 筆者の専門は経済学であり人文学を専門としていないため, コンテンツを歴史的視点から議論する学会はお門違いのように学会入会当時は感じていた. しかし, むしろ筆者の専門ではない分野の学者, 研究者との議論の中に多くのヒントがあった. そればかりではなく, 2012年のコンテンツ文化史学会の研究大会のテーマであった「コンテンツと記憶」と, 2014年の研究大会のテーマであった「コンテンツと歴史認識」の２つの問題意識が本章の出発点となった.

本書でもすでに述べたが，筆者が専門の経済学では記憶の問題はブラックボックスであることが多い．記憶の問題は個人差が多く，複雑な問題だからである．しかし，人間の知恵として文化を捉えるとき，多様な価値観や心，その文化という叡智を享受するメカニズムを議論しないわけにはいかないであろう．本書を通じてサブカルチャーやコンテンツ文化における議論の拡張のみならず，経済学における意思決定と記憶の問題が，さらに議論されることを期待したい．

注
1） 本章はコンテンツ文化史学会2012年大会における筆者の報告内容である「コンテンツ文化と記憶──限定合理性の経済学の観点から──」と，同学会2014年大会における筆者の報告である「コンテンツとホスピタリティ──共存・共栄のコンテンツ文化を目指して──」の内容を大幅に修正および再検討を行ったものである．論文執筆にあたって，報告時にはコンテンツ文化史学会会長の故吉田正高先生やフロアの皆様から貴重なご意見やアドバイスを頂いた．ここに感謝申し上げる．
2） 本章における実験は新規で行ったものではない．なお実験は，青山学院大学の中込正樹先生と藤森裕美氏（いずれも当時の所属）の多大な協力を得て行われた．心から感謝申し上げる．なお，本章のベースになっているのは牧・藤森・中込および筆者の実験論文である（牧・藤森・中込，2013; 牧，2014，2016）．当該論文のファースト・オーナーである筆者が，データの再分析や再解釈に伴い大幅な加筆を行っている．そのため本章における誤りはすべて筆者に帰す．
3） ゴッホの絵画を選んだことについては，ナタリーによるとゴッホは生前その作品の価値が社会的に低かったが（いわゆるサブカルチャーであった），死後作品の価値が認められた（ハイカルチャー化した）というその歴史からインスパイアされたからである（ナタリー，2005）．
4） ナッジ効果についてはNakagome et al.（2011），依田・岡田編（2019）などで詳しく説明している．
5） オキシヘモグロビン変化のデータを分析に採用する理由については，ストレングマンに詳しく述べられている（Strangman et al., 2002）．現在の脳科学の研究ではオキシヘモグロビン変化のみならず，デオキシヘモグロビン変化も分析対象になっているものも見られる．本章においては，ストレングマンらの研究を参考にし，オキシヘモグロビンの変化をもって被験者の脳の活性度を比較検討することにした．実験に関しては，実験実施大学の倫理審査委員会が定める方法を遵守し，被験者の自由意思により行うことや実験の安全性について，データの取扱い等の十分な説明ののちに承諾書にサインをしてもらっている．
6） 実験に使用した光トポグラフィー（fNIRS）はSpectratech社製OEG-SpO$_2$である．こ

の計測装置は，前頭葉のみの計測に特化しているが，被験者にストレスを与えにくいという特長がある.

7） しかし，文化経済学会の学会誌『文化経済学』を見れば，コンテンツ文化の研究も以前よりも多く見られるようになった．この背景には，クールジャパンだけではなく文化をより広く捉えることへの学問的関心が広まりつつあるといえる．たとえば，仲村は，年代別に統計データからゲーム産業に関する分析を行っている（仲村，2017）.統計データから導ける示唆の部分に弱さや不十分な点もあるが，文化統計といえばその研究の主流は芸術鑑賞やその属性を多く議論していた分野であるため，研究対象の広がりがみられるのは歓迎すべきことである．しかし，仲村に限ることではないがゲームなどのこれまで研究対象として扱われなかった文化を研究する際には，その研究の「学問的位置付け」はより明確にされるべきである．クールジャパンが世の中に浸透している現在であるから，あるいはコンテンツ文化はすでに社会において普及している文化であるから研究対象としたというのでは，統計的手法でその重要性や問題点が明らかになったとしても，分析結果の含意が伝わりにくいのはもったいないからである.

8） 筆者は，このフィードバックの点についても議論を行った（牧，2016）．実際に行った実験では，被験者たちはタスクの内容にかかわらず（鑑賞する画像の種類を区別せず），自己の知識や鑑賞方法およびその視点などを積極的に発信するという意思決定を行っていた．これは富田が指摘するインティメイト・ストレンジャー論と同様の心理的特徴が確認された（富田，2009）．この点に着目すれば，被験者の意思決定はタスクAとタスクBともに情報を発信して，自己のアイディアを他者と共有したいと考えたと捉えることができる．つまり，情報発信をしたいという意思決定にタスク間での「違いはない」ということである．しかし，実験およびアンケート調査の結果には違いが見られた．これは，結果だけ見ればタスクごとに意思決定の違いはないが，その意思決定に関わるプロセスは大きく異なるということである．この結果は，経済学における帰結主義への痛烈な批判であるといえよう.

参考文献

池上惇・植木浩・福原義春編（1998）『文化経済学』有斐閣〔有斐閣ブックス〕.

依田高典（2010）『行動経済学　感情に揺れる経済心理』中央公論新社.

依田高典・石原卓典（2019）「金銭的インセンティブとナッジが健康増進に及ぼす効果──フィールド実験によるエビデンス──」依田高典・岡田克彦編『行動経済学の現在と未来』3–23，日本評論社.

依田高典・岡田克彦編（2019）『行動経済学の現在と未来』日本評論社.

大垣昌夫・田中沙織編（2018）『行動経済学──伝統的経済学との統合による新しい経済学を目指して──』有斐閣.

大塚英志（2004）『「おたく」の精神史──一九八〇年代論──』講談社.

岡本健（2013）『n次創作観光──アニメ聖地巡礼／コンテンツツーリズム／観光社会学──』北海道冒険芸術出版.

カーネマン，D.，村井章子訳（2014）『ファスト＆スロー』（上）（下）早川書房．

川越敏司（2007）「実験経済学方法論に関する最近の研究動向――報酬支払法を中心とした考察――」依田高典・岡田克彦編『行動経済学の現在と未来』125-148, 日本評論社．

河野勝・西條辰義編（2007）『社会科学の実験アプローチ』勁草書房．

Singer, T. and Fehr, E. (2005) The Neuroeconomic of Mind Reading and Empathy. *American Economic Review*, 95(2) 340-345.

Strangman, G., Culver, J. P., Thompson, J. H., and Boas, D. A. (2002) "A Quantitative Comparison of Simultaneous BOLD fMRI and NIRS Recordings During Functional Brain Activation." *Neuro Image*, 211, 453-458.

セイラー，R.・サンスティーン，C. 著，遠藤真美訳（2009）『実践行動経済学　健康，富，幸福への聡明な選択』日経BP社．

ダマシオ，A.R. 著，田中三彦訳（2005）『感じる脳――情動と感情の脳科学　よみがえるスピノザ――』ダイヤモンド社．

多田洋介（2003）『行動経済学入門』日本経済新聞社．

富田英典（2009）『インティメイト・ストレンジャー――「匿名性」と「親密性」をめぐる文化社会学的研究――』関西大学出版会．

中込正樹（2008）『経済学の新しい認知科学的基礎――行動経済学からエマージェンティストの認知経済学へ――』創文社．

Nakagome, M., Maki, K., Fujimori, H., Uekusa, Y., Inoue, N., Asano, H., Tanaka, H., and Ide, H. (2011) "A Neuroeconomic Study on Nudge and Social Cognition Using an Electroencephalography." *Working Paper Series*, Institute of Economic Research at Aoyama Gakuin University, 3.

仲村敏隆（2017）「コーホートからみたゲームの行動者率を規定する要因の分析」『文化経済学』14(2) 33-45.

ナタリー，H. 著，三浦篤訳（2005）『ゴッホはなぜゴッホになったか――芸術の社会学的考察――』藤原書店．

開一夫・長谷川寿一編（2009）『ソーシャルブレインズ――自己と他者を認知する脳――』東京大学出版会．

Frey, B. S. (1999) *Economics as a Science of Human Behavior: Towards as a New Social Science Paradigm Extended 2nd edition.* Kluwer Academic.

ブルーナー，J. 著，岡本夏木・仲渡一美・吉村啓子訳（2016）『意味の復権――フォークサイコロジーに向けて――』ミネルヴァ書房．

ボーモル，W. J.・ボーエン，W. G. 著，池上惇・渡辺守章監訳（1994）『舞台芸術――芸術と経済のジレンマ――』芸団協出版部．

牧和生・藤森裕美・中込正樹（2013）「ホスピタリティへのニューロ・エコノミクスアプローチ――おもてなし概念を超えた他者理解としてのホスピタリティ像の確立――」『青山経済論集』65(1) 1-35.

牧和生（2014）「サブカルチャーにおけるダイナミズムとホスピタリティ」青山学院大学（博

士論文）1 -264.

牧和生（2016）「光トポグラフィーを用いた脳科学的研究の文化経済学への応用──ホスピタリティに着目して──」『文化経済学』13(1) 25-35.

牧和生（2019）「文化における『意味』の役割『文化経済学』16(2) 4 - 9 .

山中智省「〈富士見文庫〉検証──ライトノベルとジュブナイルポルノの"源流"をめぐって──」『コンテンツ文化史研究』(10・11) 39-55.

Lerner, J. S., Li, Y., Piercarlo, V. and Karim, K. (2014) "Emotion and Decision Making." *Annual Review of Psychology*, 1 -45.

おわりに

　本書をまとめる過程で，多くの気づきを得ることができた．それは，指導教官の教えが今の自分を支えてくれているということである．筆者の指導教官であった中込正樹先生から「研究者ではなく，学者になりなさい」という言葉とともにアカデミアの世界に送り出して頂いた．その言葉を胸に，これまで教育と研究を続けている．この「学者」とはどのような存在なのであろうか．学識に優れた人がなれるものでもないであろうし，優れた研究業績がある人が学者と名乗れるのであろうか．それであれば，悲しいことに筆者は学者とは程遠い存在である．しかし，ひたむきに学び問い続ける存在が「学者」であるといえるなら，筆者も研究者ではなく「学者」と名乗れる可能性がある．

　手元に1冊の書籍がある．中込正樹著『意味と人間知性の民俗認知経済学：「トランス・サイエンス時代」への教訓を求めて』（知泉書館，2018年）である．この本は中込先生が青山学院大学のご退職を前に，ご自身の研究の総括として上梓された．その本の中に，筆者も共同研究者として携わった研究成果が掲載されている．中込先生はこの本の執筆をされている際に，「この本は牧先生の研究に近いものになると思う」と話されたことを今でも鮮明に覚えている．そして，出版された御本のタイトルを見て驚いた．中込先生のこの言葉の意味が全く理解できなかったからである．ところが，御本を読み進めていくにつれてふと腑に落ちたことがある．これはまさしく中込先生と筆者とをつなぐ研究であり，中込先生が長年の研究の中で問い続けた答えの1つが，この御本におまとめになりたかったことなのであろう．

　その答えとはおそらく，人間が不確実性下の世の中で他者と協働しながら，日々を豊かに過ごしていくために生み出した「意味」そのものについてである．そして驚くのは，この意味に関する研究は中込先生が2001年に出版された『意味世界のマクロ経済学』（創文社，2001年）において，すでにその研究の着想を得ていたことである．われわれが限りある脳の処理能力しか有していないにもかかわらず，情報で溢れる社会において意思決定が可能となるのは，必要な情

報を圧縮する意味フィルターを媒介しているからであるという主張は，経済学の理論ではなかなか遭遇することのできないエキサイティングな視点である．しかし，そこから時代を経て中込先生は，経済学は認知科学であるという視点を大切にされ，人々の知恵の結晶である意味がどのように紡がれ，縮減して現在に至るのか精力的に研究なさった．

　この経済学における「意味」についての議論は，筆者の研究において示唆に富む内容であった．文化も多数の人々の紡いだ個々の意味が特定の場で集合し，改変や修正を経て多くの人々に認知される文化として成立しうるからである．また，個人が大切にしている「意味」は，意思決定時や意思決定後の行動に大きく影響しうる．現実の経済主体は理論とは異なり，情報をすべて所与として行動するわけではなく，行動しながら情報を得つつ意思決定を行っている．その意思決定の過程で，さまざまな気づきやヒントも得られるはずである．まさに経済学は，認知科学であるといえよう．このような壮大な視点を持つ中込先生から多数の教えを頂けたことは，筆者の学者人生の中で最大の幸福であった．

　共感，ホスピタリティ，サブカルチャー，オタク文化など本書ではさまざまなキーワードが登場したが，これらの視点から研究を進めていくと当たり前だと思われていて気にも留めていなかった事象について，読者の皆様にも新しい発見があったのではないだろうか（何かしらの発見があったと願いたい）．もちろん，学問として身近な問題やテーマを研究していくと，現実をうまく理論では説明できないことにも多数遭遇する．しかし，そのような難問について自分なりの答えに辿り着けたとき，まだ誰も見たことがない景色を自分が最初に見ることができるのである．そして，また次に取り組むべき課題が次々と浮かんでくる．研究とは終わりのない旅だという学者がいるが，全くもってそのとおりである．

　本書は筆者の博士論文をベースに大幅に加筆・修正しつつ，その後着任した九州国際大学在籍時の研究成果と，現在所属している京都橘大学着任後の研究成果も加筆・修正してまとめている．そして，新たに執筆した論考も含んでいる．博士論文を執筆していた当時から大分時間が経ったが，独創的な研究をしたいという情熱は今もなお変わることがない．本書を執筆・編集していく中で，過去の筆者の論考と対峙することがあった．文章が未洗練で読みにくく修正のしがいがあったが，現在の筆者の問題意識につながる記述を発見できたりして，

まるで過去の自分と対話しているような面白い経験ができた.

　筆者は「人間学としての経済学」を目指すという壮大な目標を掲げているが,本書の研究内容のみでこの目的が完遂するわけではないことは自明である.本書を執筆するうえで,筆者自身の勉強不足を痛感した.この点を猛省しつつ,今後も地道にしかし確実に歩みを進めていきたい.

　次に筆者が取り組んでみたい研究としては,「声優市場における商品ライフサイクルについて」というテーマが頭の中に浮かんでいる.声優を巡っては,若手の女性声優についての活躍の場が1990年代から多様化が進み,現在では一種のアイドルと同質の活動が展開されている.一方で,アイドルとして売り出すことにより,声優として活動していくための収入を得ることにつながっているという側面もある.

　しかし,すべての声優にアイドルとして売り出すチャンスがあるわけでもなく,演技力という技術だけではブレイクしにくい狭き門となっている.しかも,声優がアイドルとして積極的に売り出せる期間はデビューから30歳前後までであることが多い.かつ声優は,活動年数に応じて給与が変動するランク制が採用されることが多い.そのため,声優としてのキャリアが給与の上昇に直結する.声優を志す者も多いため,アイドル声優として若い年齢の時に売り出されるチャンスを得たものは,幸運であるといえる.アイドル声優は,声優専門誌の表紙やアニメ関連雑誌でインタビューを受けたり,ライブやイベントなどの活躍の場が与えられるが,デビューして間もなく声優としての役者の経験が浅い場合もある.アイドル声優としての売り出し中に演技力も磨きをかけた声優は,演技派へのキャリアへと進むこともできるが,すべての声優にその可能性が保証されているわけではない.声優としての能力だけではなく,年齢,容姿,本人のキャラクター性などの要素もアイドル声優には求められる.声優市場は競争が激しく,その競争の中で安定的な立場を得られている者はごくわずかである.本来,声を当てるという裏方としての役割だった声優が,時代の変化や社会のニーズにより,さまざまなメディアを通じて活躍の場を増やしていったのと同時に,声優に求められる本質的な価値について研究を進めていきたい.

　このような問題意識は,現在社会学の領域で研究が行われている海外におけ

る日本の声優のファンや，声優コンテンツの供給に関する研究に刺激を受けたものである．これらの研究は，特定の声優がマルチに活動を展開していく中で，その声優のファンたちが，何をきっかけにファンとなったか明らかにした研究などである．このような興味深い研究をもとに，筆者独自の視点から切り込んでいきたい．これらの研究を多角的に検討することで，声優は何がきっかけとなってファンの心を掴み，役者としてのチャンスを得るのかという法則性を導き出すことができよう．またその研究を進めていく中で，長期間に渡って第一線で活躍している声優に共通する資質とは何かについても，明らかにすることができるのではないだろうか．コンテンツ市場やオタク市場，サブカルチャーはこれからもアプローチのしがいのある問いを，われわれに提供してくれる．また，本書がサブカルチャーやオタク文化を研究する学者や，これらの研究に興味を持つ人々にとって，少しでも考えるきっかけを提供できていれば幸いである．これからも研究を発信していき，皆様からさまざまな助言を頂きたい．

　本書を執筆するにあたって，これまで講義を担当した学生たちとのやり取りや，講義内容が大変参考になった．青山学院大学の教員時代に担当した経済学入門や現代社会の諸問題の受講生，九州国際大学の教員時代にご縁があった牧ゼミ生，京都橘大学で担当している科目の受講生と牧ゼミ生，非常勤講師で講義を担当した名古屋芸術大学の受講生諸君には特に感謝を述べたい．講義の課題などで自分の好きなコンテンツを述べてもらう際に，アニメやマンガのみならず多様な文化について，文章からその熱意に圧倒される内容が多く提出された．それらの熱のこもった成果物は，筆者の講義を楽しみながら受講していなければ，課題にもその熱が伝播しない．筆者の講義に対する熱意が学生たちに伝わっている実感が，大学教員として最もやりがいを感じる瞬間である．今後も熱意を持って，毎回の講義を真剣勝負で臨んでいく所存である．私の講義とご縁があった人，そしてこれからご縁がある人，さらに講義以外でご縁がある人に「学びの面白さ」を届けていきたい．

　執筆活動においては家族の存在も大きい．特に妻の道子からは，オタク的消費やコンテンツ消費について，学者ではない立場から鋭い指摘が多数あった．また，インターネット界隈で話題となっている動画やニュースなどを絶え間なく投げ掛けてくれたおかげで，執筆内容を深化させることができた．多忙な日々

の中で，心の支えとなってくれたことは大変心強かった．ここに，感謝の意を表したい．

　また，本書の出版の機会をくださった，晃洋書房編集部の西村喜夫氏にも感謝したい．同年代の先生方が単著を出版なさることが多く，いつも新刊情報で知り合いの先生のお名前を見つけては，自分のことのように喜んでいた．一方で，筆者自身出版とは無縁の人生を歩んできた．共著で論考を掲載して頂く機会はあったが，単著は『オタクと推しの経済学』（カンゼン，2023年）に続いて2作目となる．前作は幅広い読者に向けた内容であったため，論文執筆とは異なる難しさがあった．しかし，本書は学術書であるため普段の論文執筆の作法と共通する部分こそ多かったものの，本を世に出すことの苦労は前作と同様で幾多の壁にぶつかった．しかし，西村氏のおかげでオタク文化やサブカルチャーというコンテンツと，新しい時代の経済学をつなぐ意欲的な著作が完成した．素晴らしい本になるように，さまざまな工夫を凝らし編集して頂いたことに，心より感謝したい．本書の内容が読者の皆様の知を少しでも刺激し，新しい発想のヒントになることを願いたい．「学者」としてこれからも精進していくことを宣言し，ここで筆を置くこととしたい．

　本書は，2024年度京都橘大学出版助成を受けて出版させて頂いた．従来のコンテンツ産業研究とは異なる視点からアプローチした本書に，助成をお認め頂けたことは大変心強かった．出版助成に関していつも迅速にご対応頂いた，京都橘大学学術振興課の皆様にも心より感謝申し上げる．

初 出 一 覧

1章　書下ろし

2章　牧和生（2014）「サブカルチャーにおけるダイナミズムとホスピタリ
　　　ティ」（青山学院大学大学院博士論文）所収，第2章「行動経済学が示
　　　す知見および限界」をもとに加筆・修正．

3章　牧和生（2014）「サブカルチャーにおけるダイナミズムとホスピタリ
　　　ティ」（青山学院大学大学院博士論文）所収，第3章「文化における経
　　　済学的研究――アートと行動――」，第5章「文化と経済――議論の拡
　　　張――」．牧和生（2020）「コンテンツツーリズムへの批判と展望」九
　　　州国際大学『国際・経済論集』（3）　99-120をもとに加筆修正．

4章　牧和生（2014）「サブカルチャーにおけるダイナミズムとホスピタリ
　　　ティ」（青山学院大学大学院博士論文）所収，第3章「文化における経
　　　済学的研究――アートと行動――」をもとに加筆・修正．

5章　5.1は牧和生（2023）「オタク文化における過度な消費と排他的行動の
　　　経済学」『京都橘大学研究紀要』（49）　213-228をもとに加筆修正．

6章　牧和生（2014）「サブカルチャーにおけるダイナミズムとホスピタリ
　　　ティ」（青山学院大学大学院博士論文）所収，第8章「共感とホスピタ
　　　リティとの相違を明らかにするためのニューロ・エコノミクスによる実
　　　験」をもとに加筆修正．

7章　牧和生（2022）「社会的文脈の異なる提示条件がもたらす心的影響の
　　　差異に関する研究」文化経済学会2022年研究大会発表をもとに，分析

内容の検討および再分析を実施したのち加筆修正.

8章　牧和生（2012）「コンテンツ文化と記憶——限定合理性の経済学の観点から——」コンテンツ文化史学会2012年大会報告．牧和生（2014）「コンテンツとホスピタリティ——共存・共栄のコンテンツ文化を目指して——」コンテンツ文化史学会2014年大会報告の内容をもとに，書下ろし．

索　引

〈あ　行〉

東浩紀　52
荒井一博　38
アンカリング効果　14
池上惇　38
井澤秀記　8
意思決定　2，3
痛バッグ　79
伊藤元重　8
植木浩　38
内田義彦　2，8
大きな物語　55，105
CGM　26
大竹文雄　8
OVA　29
岡田克彦　22
岡田斗司夫　33
奥井雅美　56
おたく　59
オタク　7，59
　　　──カルチャー　28
　　　──文化　28
　　　隠れ──　61

〈か　行〉

価格硬直　8
勝浦正樹　39
金武創　25，39
川越敏司　8
期待効用　4
気づきの力　49
京都アニメーション　46
キングレコード　56
金融　1
クールジャパン　24
経済　1

──学　1
──主体　8
経世済民　1
限定合理性　11
公共財　16
効用　3
合理的経済人　3
合理的個人　3
心の理論　83
後藤和子　39
コンテンツツーリズム　9，109

〈さ　行〉

斎藤環　39
阪本崇　25，39
サブカルチャー　28
参照点　14
サンスティーン，C. R.　22
市場　3
　　　──の失敗　8
島宇宙　105
社会科学　1
社会的文脈　13
小説家になろう　42
情報の非対称性　16
進化した視覚　33
新古典派経済学　15
スターチャイルドレコード　56
スタジオジブリ　29
スティグリッツ，E. ジョゼフ　8
スミス，アダム　3
スラッジ　15
スロスビー，D.　23
セイラー，R.　15
ゼロ年代　55
選好　3
属性　46

〈た・な 行〉

ダマシオ, A. R.　22
小さな物語　55, 105
直観　5
データベース消費　52
デ・ジ・キャラット　52
同担拒否　59
堂目卓生　8
友野典男　8, 22
中込正樹　9, 22
ナッジ　15
ニコニコ動画　42
人間学　5
認知バイアス　15

〈は・ま 行〉

ハイカルチャー　28
光トポグラフィー　9
pixiv　42
平澤典男　9
福原義春　38
腐女子　62
フラクタル　56
フリーライダー　16
フレーミング効果　14
プロスペクト理論　14
文化経済学　7, 9

——会〈日本〉　23
文化経済主体　41
ホスピタリティ　7, 9, 109
——マネジメント　48
没入的消費　55
ホモ・エコノミクス　3
真壁昭夫　22
牧和生　9, 22
マクロ経済学　8
マンキュー, N. G.　8
ミクロ経済学　8
水樹奈々　56
ミラーニューロン　83
無限回収　66
モラルハザード　16

〈や・ら 行〉

矢吹俊郎　56
山岸俊男　39
山路顕　108
山本哲士　94, 108
YouTube　42
依田高典　8, 22
ラスキン, J.　24
利己　3
利他　5
リチャード, H. T.　22
理由付け行動　4

《著者紹介》

牧　和生（まき　かずお）

1985年生まれ.
青山学院大学大学院経済学研究科経済学専攻博士後期課程修了. 博士（経済学）.
青山学院大学経済学部非常勤講師, 同大学助教, 九州国際大学現代ビジネス学部特任
准教授, 同大学准教授を経て
現在, 京都橘大学経済学部准教授.

主要業績
「コンテンツツーリズムへの批判と展望」『国際・経済論集』（3）, 99-120, 2019年.
「ゼロ年代以降における日常系4コマンガ作品のアニメ化に関する研究」『国際・経
　済論集』（6）, 47-70, 2020年.
『オタクと推しの経済学　広がり続けるオタク市場の現在と未来がコンパクトにわか
　る！』カンゼン, 2023年など多数.

コンテンツ文化のホスピタリティと経済学
── 共感でつながり人を夢中にさせるサブカルチャーから読み解く ──

2025年3月10日　初版第1刷発行　　＊定価はカバーに
　　　　　　　　　　　　　　　　　　表示してあります

著　者　　牧　　　和　生 ©
発行者　　萩　原　淳　平
印刷者　　河　野　俊一郎

発行所　株式会社　晃　洋　書　房
〒615-0026　京都市右京区西院北矢掛町7番地
電話　075(312)0788番（代）
振替口座　01040-6-32280

装幀　HON DESIGN（北尾　崇）　　印刷・製本　西濃印刷㈱
ISBN 978-4-7710-3939-1

JCOPY 〈㈳出版者著作権管理機構　委託出版物〉
本書の無断複写は著作権法上での例外を除き禁じられています.
複写される場合は, そのつど事前に, ㈳出版者著作権管理機構
（電話 03-5244-5088, FAX 03-5244-5089, e-mail:info@jcopy.or.jp）
の許諾を得てください.